O AUTOCONHECIMENTO

PARA SOBREVIVER NUM MUNDO EM TRANSFORMAÇÃO

Dados Internacionais de Catalogação na Publicação (CIP)
(Simone M. P. Vieira – CRB 8ª/4771)

Purnachaitanya, Swami
O autoconhecimento para sobreviver num mundo em transformação / Swami Purnachaitanya. Traduzido por: Amanda Lima – São Paulo : Editora Senac São Paulo, 2023.

Bibliografia.
ISBN 978-85-396-5075-0 (Impresso/2023)
e-ISBN 978-85-396-5073-6 (ePub/2023)

1. Autoconhecimento 2. Meditação 3. Transformação pessoal 4. Desenvolvimento pessoal 5. Crescimento pessoal I. Título

23-1959g

CDD – 158.1
BISAC SEL031000
REL012000
HEA010000

Índices para catálogo sistemático:
1. Aperfeiçoamento pessoal e análise 158.1

Swami Purnachaitanya
Tradução Amanda Lima

O AUTOCONHECIMENTO

PARA SOBREVIVER NUM MUNDO EM TRANSFORMAÇÃO

Editora Senac São Paulo – São Paulo – 2023

Administração Regional do Senac no Estado de São Paulo
Presidente do Conselho Regional: Abram Szajman
Diretor do Departamento Regional: Luiz Francisco de A. Salgado
Superintendente Universitário e de Desenvolvimento: Luiz Carlos Dourado

Editora Senac São Paulo
Conselho Editorial: Luiz Francisco de A. Salgado
Luiz Carlos Dourado
Darcio Sayad Maia
Lucila Mara Sbrana Sciotti
Luís Américo Tousi Botelho

Gerente/Publisher: Luís Américo Tousi Botelho
Coordenação Editorial: Ricardo Diana
Prospecção: Dolores Crisci Manzano
Administrativo: Verônica Pirani de Oliveira
Comercial: Aldair Novais Pereira

Edição de Texto: Vanessa Rodrigues
Preparação de Texto: Adriane Gozzo
Coordenação de Revisão de Texto: Janaina Lira
Revisão de Texto: Maitê Zickuhr
Coordenação de Arte: Antonio Carlos De Angelis
Projeto Gráfico, Editoração Eletrônica: Manuela Ribeiro
Capa: Antonio Carlos De Angelis
Imagem de Capa: AdobeStock
Coordenação de E-books: Rodolfo Santana
Impressão e Acabamento: Visão Gráfica

Título original: Looking Inward: Meditating to Survive in a Changing World
Copyright: © Swami Purnachaitanya, 2021
Publicado pela primeira vez em inglês na Índia por PENGUIN RANDOM HOUSE INDIA, em 2021

Proibida a reprodução sem autorização expressa.
Todos os direitos desta edição reservados à
Editora Senac São Paulo
Av. Engenheiro Eusébio Stevaux, 823 – Prédio Editora
Jurubatuba – CEP 04696-000 – São Paulo – SP
Tel. (11) 2187-4450
editora@sp.senac.br
https://www.editorasenacsp.com.br/

© Editora Senac São Paulo, 2023

SUMÁRIO

NOTA DO EDITOR

Conhecimento e transformação são palavras – ou melhor, conceitos – que fazem parte do Senac São Paulo, que busca em sua atuação incentivar as pessoas a desenvolverem seu potencial para expandir suas possibilidades.

E são várias as interfaces desses conceitos com o livro que você está prestes a iniciar. O conhecimento sobre a meditação das antigas tradições, que chegou à atualidade com seus benefícios respaldados pela ciência; e o autoconhecimento, o olhar para si que é, ao mesmo tempo, algo requerido para meditar e também um resultado de sua prática.

Conhecimento e autoconhecimento se encontram na transformação pessoal, a qual permite que você acompanhe melhor as transformações do mundo. Especializado em obras voltadas ao crescimento profissional, com este livro o Senac contribui para o seu bem-estar pessoal, base necessária para o aprimoramento em todos os aspectos da vida.

APRESENTAÇÃO

O mundo que conhecemos está em um veloz processo de transformação. Alterações climáticas, pandemia, informações que se espalham tão rapidamente quanto incêndios florestais, *fake news*, conflitos, mudanças nas sociedades e no estilo de vida. São desafios que impactam nossa saúde, além da produtividade, da felicidade e da paz interior. Em tempos como esses, muitas pessoas acabam sofrendo de estresse, ansiedade e, em alguns casos, depressão. Mais do que nunca, precisamos olhar para dentro de nós para encontrar força, foco e paz de espírito.

Este livro pretende ser um auxílio em sua jornada para localizar a origem de sua ansiedade, seu estresse e sua inquietação. Busca, também, proporcionar as ferramentas para superar essas dificuldades, explicando como a meditação pode diminuir pensamentos que dispersam e redirecionar a sua energia, para que você vivencie o momento presente e, ao mesmo tempo, desenvolva a resiliência.

A ideia é reconhecer a mudança exterior enquanto reforça a sua reserva de energia interior. Isso não significa fugir nem fingir que coisas ruins nunca aconteceram. Também não significa fazer com que se sinta melhor achando que está tudo bem. É sobre aprender como a mente trabalha e como gerenciá-la, para que você possa transcender e acessar uma fonte de paz, felicidade e apoio imutável.

Venho há muitos anos ensinando a meditação a pessoas com os mais variados históricos, desde povos remotos do nordeste da Índia até altas lideranças e presidentes de organizações internacionais; desde estudantes universitários e pais em tempo integral a artistas bem-sucedidos e políticos. E todos foram extremamente beneficiados pela prática em muitos aspectos. Percebendo a crescente necessidade por esse valioso conhecimento que ajuda as pessoas à procura de um modo efetivo de lidar com a vida, decidi escrever este livro.

A obra contém muitas das mais importantes percepções e técnicas que tenho aprendido e realizado nos últimos vinte anos de prática meditativa, sob a orientação de Gurudev Sri Sri Ravi Shankar, meu guia nesse exercício espiritual e um verdadeiro mestre da meditação do nosso tempo. Estou oferecendo meu aprendizado e experiência a qualquer pessoa que esteja sinceramente interessada em olhar um pouco mais de perto para a vida e tentar uma nova abordagem, ou melhor, uma abordagem muito antiga, para lidar com inúmeros desafios que se apresentam e como isso afeta nossa saúde, felicidade e paz de espírito. Compartilhando esse conhecimento em linguagem fácil e com um método simples de aplicar, é possível lhe proporcionar as ferramentas para você gerenciar sua mente e, finalmente, dominá-la.

Temos visto muitas concepções e noções equivocadas sobre a meditação. Nas últimas décadas, houve uma transição daquilo que muitos viam como uma prática estranha e oculta de iogues seminus para a última moda de exercícios mentais de sucesso, aplicativos que prometem paz de espírito em um instante e meditações de três minutos. Além disso, muitos aceitaram o termo *mindfulness* (atenção plena) como uma nova e mais apropriada denominação para meditação, tornando fácil vendê-la a todos os públicos, sem perceber que meditação e atenção plena não são a mesma coisa. Algumas vezes, uma é oposta à outra.

Por esses motivos, imaginei que este era o momento certo para escrever uma obra que esclarecesse muitas dessas concepções e noções equivocadas. Um livro que permitisse, a qualquer pessoa com algum interesse no assunto, explorar a meditação de forma apropriada, sem incenso demais ou conteúdo de menos.

A meditação é uma arte antiga, comprovada e bastante efetiva de gerenciar e transcender a mente. Apresenta inúmeros benefícios à vida social e profissional e influencia a saúde, a felicidade e as sensações de liberdade e plenitude. Tentar demovê-la de seu contexto e sua tradição não é só uma injustiça com todos os mestres que têm preservado esse conhecimento até hoje, como também uma maneira de dissociar a prática de alguns de seus aspectos mais efetivos e essenciais.

O mundo e o estilo de vida contemporâneos pedem que essa sabedoria e suas técnicas seculares sejam disponibilizadas, para que possam ser compreendidas e praticadas com facilidade por qualquer pessoa que deseje explorar os benefícios da meditação. Este livro se propõe a ser um guia pessoal de entendimento dessa prática profunda para uma vida mais feliz e equilibrada.

Ele está estruturado de modo que cada capítulo ensine alguns dos princípios mais importantes para progredir na jornada, possibilitando que desenvolva o conhecimento que vai se unir à sua prática pessoal de meditação. Muitos desses princípios podem também trazer mais eficiência e empatia em suas atividades cotidianas e ajudar a lidar mais habilmente com essa coisa complexa chamada mente e todas as suas artimanhas. Isso tornará a vida mais fácil e gratificante, mas exige a leitura e que se coloque em prática o que for apresentado.

Você verá que meditação não exige muito foco ou concentração, mas exatamente o oposto, e que é uma jornada que pode ser prazerosa, repleta de despertares. Uma jornada do esforço para o relaxamento; da atividade para a quietude; do estresse, da ansiedade e da frustração para um estado de paz e tranquilidade. Mas quero enfatizar que a meditação é muito mais do que apenas uma solução para alguns problemas. Praticá-la somente para superá-los significa que você poderá abandoná-la assim que a sua mente ou a sua vida estiverem em equilíbrio novamente. Minha recomendação é pensar grande. A meditação trará a você tais benefícios, mas estes são mais como efeitos colaterais. O verdadeiro tesouro que você pode encontrar está intrínseco e só é revelado àqueles que estão prontos, de fato, para olhar para dentro de si mesmos.

Mesmo que você seja totalmente inexperiente na meditação, ou já a pratique de forma regular ou esporádica, convido a embarcar nesta jornada com a mente aberta. Garanto que, dessa maneira, aprenderá e perceberá muitas coisas que poderão ajudar em sua prática e enriquecer sua vida. No mundo em que vivemos, meditar não é um luxo, mas uma necessidade. Quanto antes perceber isso, melhor.

Uma mente sem agitação... é meditação.

Uma mente no momento presente... é meditação.

Uma mente que passa a não se importar... é meditação.

Uma mente que não tem hesitação nem expectativa... é meditação.

Uma mente que voltou às suas raízes, à sua fonte... é meditação.

Gurudev Sri Sri Ravi Shankar

SIM, O MUNDO ESTÁ MUDANDO

Peguei meu celular e rolei a tela das minhas conversas pelo WhatsApp. Ah, eis o contato do meu amigo de Délhi, na Índia. A pandemia de covid-19 me trancou em um apartamento em Joanesburgo, na África do Sul. Eu consegui viajar de Gana para a África do Sul no último minuto, antes que este país e a Índia fechassem suas fronteiras, e um amigo da cidade sul-africana gentilmente me cedeu um lugar para que eu ficasse o tempo de que precisasse. Eu estava muito grato, pois muitos não foram tão afortunados durante esse repentino fechamento global, não apenas de viagens, mas de muitos aspectos em nossas vidas.

"Ei, Samir, como está? Lembrei-me de você. Como vai a família?"

"Swami, que bom ter notícias suas! Está tudo bem, estamos administrando." O tom de voz de Samir pareceu um pouco menos confiante do que as palavras que escolheu. "Meu irmão voltou para casa por causa do isolamento social. Então, estamos todos juntos novamente."

Conheci Samir há alguns anos e nos tornamos bons amigos. Ele é fotógrafo profissional. Na maior parte do tempo, de casamentos – uma grande indústria na Índia, com muitas oportunidades se você é bom no que faz. Samir casou-se alguns anos antes, e seu irmão seria pai em breve. Samir e a esposa vivem com os pais dele, e o irmão mudou-se temporariamente, há algum tempo, para a Bengala Ocidental, por causa de uma boa oportunidade de trabalho. Estavam todos juntando dinheiro para conseguir um lugar maior, em especial agora que os dois irmãos estavam casados. Eles haviam comprado um pequeno terreno em outra parte de Délhi e planejavam construir uma casa lá para a família toda. Um andar seria para os pais; outro, para Samir e a esposa, e o irmão com sua família ocuparia o último andar. Assim, todos teriam espaço suficiente para viver com conforto. Houve alguns atrasos, decorrentes de problemas nos negócios, mas com a época de casamentos se aproximando haveria dinheiro suficiente para iniciar o trabalho. Todos sonhavam em finalmente ter o próprio lugar.

"E a casa? Não perguntei da última vez que nos falamos. Lembro que você estava planejando iniciar a construção, certo? Mas acho que foi postergada agora, com o isolamento, não?"

"Na verdade, Swami, acho que não vamos começar a construir tão cedo. Acabamos de saber que o meu irmão perdeu o emprego, porque a empresa não conseguiu manter todos os funcionários no cenário atual. Vamos ter de pagar as contas usando o dinheiro que estávamos guardando. Também não consegui ganhar nada como fotógrafo nos últimos meses, e não se sabe quanto tempo o isolamento vai durar. Mesmo quando as coisas voltarem ao normal, ainda vai demorar até que haja algum evento como casamento. E as pessoas também estão com muito menos dinheiro para gastar. É um momento difícil para todos."

Parei por um instante, pensando no que dizer a ele. Imaginei todos morando juntos no pequeno apartamento – lugar que conheci pessoalmente quando estive com eles uma vez, visitando Délhi. Considerando que a cunhada de Samir esperava um bebê, o imóvel se tornaria ainda mais apertado e desafiador.

ESSA É A VIDA. Essa é a nossa vida. Quase sempre não percebemos, mas tudo que damos como certo ou com que aprendemos a lidar pode mudar de uma hora para outra. E isso não é novidade. Tem sido assim desde épocas imemoriais. Apesar dos nossos mais sinceros esforços, a vida nem sempre acontece conforme o planejado e nunca deixa de nos surpreender, para melhor ou para pior.

Mas os últimos anos têm visto as coisas se modificarem de forma mais rápida e radical do que muitos de nós saberíamos, incluindo nossos pais e avós. Não posso falar por aqueles que viveram a Segunda Guerra Mundial (1939-1945), mas a pandemia de covid-19 nos colocou em um cenário que afetou muita gente de forma bastante semelhante, se não mais grave. Alguns especialistas chegaram a descrever a pandemia como a "Terceira Guerra Mundial" em relação aos efeitos na vida das pessoas. A Organização das Nações Unidas (ONU) a classificou como a pior crise enfrentada desde a criação da organização, em 1945, e a mais desafiadora para o mundo desde a Segunda Guerra. "Não é apenas uma crise sanitária, mas uma crise humanitária", declarou António Guterres, secretário-geral da ONU, explicando o impacto econômico sem precedentes da covid-19. No início da pandemia, a agência de auxílio alimentar das Nações Unidas alertou para a possibilidade de 265 milhões de pessoas virem a passar fome. Além disso, a ONU estimou a perda dos empregos de cerca de 200 milhões de pessoas, aumentando para quase 800 milhões o número de seres humanos vivendo abaixo da linha da pobreza, ou seja, sem condições de arcar com suas necessidades básicas.

Mas a pandemia foi apenas um dos fenômenos que vêm desestruturando a vida das pessoas no mundo todo, levando-as ao desespero na busca por algo que possa salvá-las do fracasso, da depressão ou da desilusão.

No ano que culminou com o anúncio do novo coronavírus e o início do contágio na China, acompanhamos discussões em massa na Austrália, assim como protestos violentos em Hong Kong, no Oriente Médio e em vários países da América do Sul e da Central. A guerra comercial entre Estados Unidos e China deixou a população mundial preocupada, e as mudanças climáticas continuam causando efeitos catastróficos no meio ambiente. Todos os continentes vêm passando por calamidades naturais, desde terremotos e alagamentos, a ciclones e períodos de seca. Um exemplo é o ciclone Amphan, que deixou milhares de desabrigados e arrasou casas e plantações no leste da Índia, assim como em partes de Bangladesh. Ele foi considerado o ciclone mais destrutivo dos últimos quinhentos anos e atingiu, diretamente, 70% de toda a população da Bengala Ocidental.

Amigos meus na Argentina e no Zimbábue estão vendo suas reservas financeiras se extinguirem com o colapso da economia local, deixando-os sem muitas opções além de rezar por tempos melhores. E eles não estão sozinhos: temos visto economias quebrando em todo o mundo, chegando quase à ruína, mesmo em regiões como a Europa Ocidental, algumas delas contabilizadas entre os países mais desenvolvidos do planeta.

Para mim, foi surreal ver que, mesmo em nossa sociedade tida como tão desenvolvida e avançada, as coisas podem virar da noite para o dia. Isso corrobora algo sempre alertado pelas antigas escrituras do leste da Índia que estudei: não procure se apoiar na inconstância, uma vez que a natureza do mundo é a mudança. A segurança e o suporte verdadeiros só podem ser encontrados no imutável. E, para isso, você precisa olhar para dentro.

E o que procuramos para nos sentirmos protegidos e a salvo? Ter uma casa confortável? Um bom saldo bancário ou uma aposentadoria? Boa saúde, muitos amigos? Boa posição social ou reconhecimento?

Geralmente, só percebemos a importância dessas coisas quando as perdemos, e com elas se vão nossa paz de espírito, nossa sensação de segurança, nossa felicidade e, às vezes, até nossa esperança ou nossa fé. E não devemos nos culpar, porque foi assim que fomos criados; foi isso que nos foi ensinado desde a infância. Devemos trabalhar duro para conseguir um emprego, uma boa casa, um bom círculo de amigos e, talvez, uma boa posição social. Também devemos nos exercitar e cuidar da alimentação para nos mantermos fortes e saudáveis. Devemos fazer tudo isso para podermos ser felizes e ter a vida segura que desejamos. Porque, no fim das contas, todos nós queremos o mesmo: ser felizes, estar em paz, protegidos e em segurança, ser livres. É o que toda publicidade promete, seja tentando lhe vender um relógio, um novo modelo de carro, um xampu ou um seguro de vida. Por esses motivos, muita gente está disposta a abrir mão de quase tudo para alcançar a tal vida mágica, que possa ser sustentada e na qual não haja preocupações. Contudo, mais uma vez, quando você olha mais de perto, percebe que as pessoas que supostamente têm tudo enfrentam, todas elas, os mesmos problemas. Elas também estão estressadas, preocupadas, inseguras ou ansiosas, às vezes muito mais do que nós!

Com frequência, vejo em jornais histórias de pessoas, incluindo estudantes, que puseram fim à própria vida por motivos como o término de um relacionamento ou o fracasso em uma prova. Produtores rurais tiram a própria vida por causa de dívidas. E esses são apenas tristes exemplos desse fenômeno. Os índices de depressão continuam crescendo mundialmente, o que nos faz pensar se o avanço tecnológico, o progresso econômico e o desenvolvimento estão nos levando na direção certa.

Sem dúvida, ter uma boa soma no banco ou uma boa aposentadoria pode ajudar em nossas necessidades e, talvez, ainda com sobra para alcançar o que desejamos. Uma boa saúde, um bom grupo de amigos para sair, um emprego estável, tudo isso nos ajuda a ser felizes, seguros e livres. Mas e se isso de repente acabar? O que antes parecia improvável se tornou uma realidade para muitos no mundo todo.

Como alguém lida com isso? Como permanecer inabalável? Como encarar esses desafios? A história nos mostra exemplos de personalidades que enfrentaram adversidades ou obstáculos aparentemente intransponíveis e que, ainda assim, obtiveram sucesso. Como essas pessoas foram capazes? Em que momento conseguiram abandonar as coisas que consideramos suporte e segurança? O que lhes proporcionou essa força?

Existe uma história da qual me lembro sempre desde que a ouvi, muitos anos atrás. É sobre um incidente que dizem ter ocorrido na vida de Alexandre, o Grande, durante a conquista do mundo que conhecemos. Conta a história que Aristóteles, o mentor de Alexandre, pediu-lhe, antes que deixasse a Grécia, que trouxesse um iogue indiano, pois essas pessoas já eram conhecidas pela profunda sabedoria e pelos ensinamentos esotéricos. Tendo atravessado o Himalaia e chegado à Índia, Alexandre ouviu falar de um grande iogue que, supostamente, vivia nos arredores da floresta.

Alexandre enviou um de seus generais para buscar o homem sagrado e trazê-lo até ele. Assim que o general se aproximou do lugar onde o iogue supostamente morava, viu um homem sentado em estado de meditação, parecendo despreocupado com o que acontecia ao redor. Chegando mais perto, o general se fez aperceber, mas foi somente depois de abordar o iogue algumas vezes que finalmente este abriu os olhos. O general solicitou que viesse com ele, uma vez que o grande imperador Alexandre, o Grande, o convocara. O iogue deixou claro que não se importava, fez o general entender que estava atrapalhando sua meditação e pediu-lhe que o deixasse sozinho. O general ficou atônito com a resposta. Em vão, tentou persuadir o iogue a acompanhá-lo, com muitos presentes finos e preciosos. Chegou a ameaçá-lo com terríveis consequências pela recusa em obedecer à convocação do Grande Alexandre. Mas o iogue estava decidido: fechou os olhos novamente e não se moveu. Perplexo, o general retornou a Alexandre e contou-lhe a experiência com o homem sagrado. Furioso e, ao mesmo tempo, intrigado com o fato de que alguém tivesse descaradamente ignorado sua ordem, mesmo sob ameaça, Alexandre decidiu ir ele mesmo ver o iogue. Chegando lá, apresentou-se e disse ao homem que ele deveria lhe obedecer se quisesse manter a cabeça no lugar. O iogue, no entanto, calmamente respondeu a Alexandre que tudo o que o imperador tinha era poder sobre o seu corpo, o qual, um dia, acabaria também. "Você pode matá-lo agora ou ele vai morrer daqui a alguns anos; então, que assim seja", disse o iogue. "Meu espírito, contudo, é eterno, indestrutível e bem-aventurado. Você não tem poder sobre isso. E isso é o que eu sou de verdade. Portanto, pode fazer como desejar, assim como eu. Agora, pare de perturbar minha meditação." E o iogue fechou os olhos novamente.

Além de chocado pela recusa de alguém que nem sequer se importara em cumprimentá-lo de forma apropriada, Alexandre estava surpreso com o destemor e a compostura daquele homem sagrado. Ele nunca havia visto um homem que não tivesse medo real da morte, que não temesse pelo próprio bem-estar, como aquele iogue. Isso o fez pensar sobre o que o iogue sabia, e ele, não.

Isso me fez pensar também porque, mesmo em tenra idade, tive experiências suficientes de como a vida pode nos chacoalhar, não importando quanto digamos que tudo vai ficar bem ou que as coisas vão se resolver. Quando eu era muito novo, minha mãe foi diagnosticada com câncer, e houve momentos em que os médicos não sabiam se ela sobreviveria aos tratamentos. Para uma criança, a mãe é fonte de resistência, suporte e segurança forte e inabalável, e era inconcebível imaginar a minha sofrendo ou a possibilidade de ela não estar conosco. Outras vezes, pode ter sido o estresse de talvez não haver dinheiro para comprar até os itens mais básicos, o que nossos pais tentavam esconder de nós porque éramos muito jovens para entender, ou porque, mesmo que entendêssemos, éramos jovens demais para fazer algo. A mudança de colégio no ensino médio veio acompanhada de outra mudança em casa, quando meus pais falaram para mim e para o meu irmão que estavam se separando. De repente, veríamos meu pai apenas nos fins de semana ou menos que isso. E esses são apenas alguns exemplos de situações que realmente me abalaram, ou abalaram as pessoas ao meu redor, e me fizeram pensar em como grandes mestres como Buda alcançaram a paz duradoura e conseguiram o domínio sobre a mente sem contar com fatores externos, nem mesmo uma casa. É provavelmente por isso que as histórias de grandes santos do passado, ou um documentário sobre monges shaolins, ou as narrativas de meu pai sobre iogues da Índia e do Tibete que ele conheceu durante suas viagens a esses lugares, ou a pequena estátua de Buda que minha mãe tinha no quarto tiveram grande impacto sobre mim. Como se, em silêncio, chamassem minha atenção para aprender mais sobre suas histórias. O que eu não daria para poder encarar a vida com esse equilíbrio, sentindo-me calmo e seguro em qualquer situação? Como pessoas com tão pouco conseguiram ser tão confiantes e serenas? Foram essa força oculta e essa paz inabalável que me levaram, ainda muito jovem, às tradições do Oriente.

Claro que não foi apenas isso. Como todos na infância e durante a escola, tive de encarar desafios. Sejamos honestos: nessa fase, os problemas não parecem ser pouco aterrorizantes, difíceis ou importantes! Quem nunca teve dificuldade para dormir sabendo que no dia seguinte teria uma prova de matemática ou uma apresentação para um professor que não simpatizava com você? Quem nunca perdeu horas tentando criar coragem para chamar alguém para sair? E, mesmo depois de a pessoa ter dito sim, quem nunca experimentou momentos de perturbação diante da possibilidade de as coisas não saírem conforme o planejado? Começamos a sentir que não podemos viver sem algo; então, tentamos desesperadamente conseguir esse algo, e, quando isso acontece, o estresse e o medo continuam, mas agora porque corremos o risco de perder o que conseguimos. Se esse é o caso, como manter a tranquilidade em um cenário de incerteza global como o visto durante a pandemia? O número de casos de depressão, violência doméstica, suicídio e divórcio cresceu drasticamente nesse período, o que nos mostra que não estamos preparados para lidar com a incerteza e a mudança – ou, ao menos, não o bastante.

Mas, de vez em quando, ainda encontramos pessoas que parecem não se abalar com isso. Foi a busca por essa paz indestrutível que me levou, inicialmente, a praticar artes marciais e a explorar alguns livros e ensinamentos budistas, além de tradições iogues. E se fosse possível deixar as pessoas mais destemidas, mais calmas, mais confortáveis em quase qualquer situação? Conheço bastante gente que não tinha quase nada e, ainda assim, foi mais feliz que a maioria das pessoas deste planeta. Cresci vendo filmes como *Karatê Kid* e *Star Wars* e invejava os garotos que encontravam mestres que os ensinavam a dominar a mente e a transcendê-la. Eles conseguiam acessar um nível de tranquilidade, poder e concentração que os tornava inabaláveis mesmo diante de situações difíceis ou indivíduos perigosos.

A verdade é que, se olharmos para trás, poderemos reconhecer um estado similar em nossa vida. Se você voltar à infância, verá um tempo em que era mais livre e tranquilo. Você não se preocupava com quantos amigos tinha ou se, de fato, eles gostavam ou não de você. Não se preocupava com o que tinha e se era o suficiente. Você era livre a cada momento, vivendo a vida ao máximo. Não se preocupava com o amanhã nem ficava triste ou chateado com o ontem. Ter uma pedrinha ou um galho para brincar era o bastante para se divertir – por horas! Mesmo se algo o chateasse, isso duraria no máximo alguns minutos. Logo você já estava bem para a próxima aventura.

Então, o que deu errado? Quando começamos a condicionar nossa felicidade, nossa paz, nossa liberdade, nossa segurança? Por que começamos a nos ligar a fatores externos, como saldo bancário, conforto, relacionamentos e sucesso, os quais muitas vezes estão fora do nosso controle? Temos entregado até o comando de nossa felicidade, e é hora de retomá-lo.

Quando fazemos uma retrospectiva, ela nos leva a nós mesmos, ao nosso interior. Só podemos aspirar ser inabaláveis quando dominamos nosso estado mental e a forma como nos sentimos em relação às situações que se apresentam a nós. Isso começa com a aceitação da nossa realidade, com o mundo que criamos para nós.

Dê uma boa olhada em sua vida e pense em todas as condições que você criou para o seu bem-estar, a sua alegria e a sua paz. Identificar o problema e entendê-lo é o primeiro passo para encontrar uma solução. Nossa segurança está em coisas que julgamos nos dar estabilidade, coisas em que podemos nos apoiar. O problema é que tendemos a nos apoiar em coisas mutáveis. Ficamos abalados, o nosso mundo desmorona. O que te perturba e te assusta de verdade ou poderia ameaçar o teu equilíbrio? Como seria se não pudesse abrir mão disso? E a pergunta é: por quê? O que essas situações, essas condições, esses relacionamentos ou esses confortos lhe dão que você já não tenha ou sem o qual não conseguiria viver? Quando crianças, não tínhamos nada disso e, ainda assim, éramos felizes, repletos de amor e entusiasmo. Então, o que mudou?

Se olharmos nossa vida, vamos perceber que tudo é mutável, gostemos ou não. Algumas mudanças podem ser mais brandas, mas não significa que não aconteçam. Olhe a sua vida mais atentamente. Seu corpo mudou e vai continuar mudando a cada dia, mês e década que você envelhecer. Seus pensamentos, gostos, aversões, valores e preferências mudaram. A música que você adorava na época da escola pode não soar tão agradável hoje, e os objetivos que delineou para a sua vida podem ter mudado ao longo do caminho. Seu círculo de amigos mudou, e as pessoas com as quais tem afinidade ou se sente confortável também mudaram. A maneira como você se vê mudou, assim como a forma que quer que os outros vejam você. Até sua memória mudou – não o objeto da lembrança, mas o modo de se lembrar. Um incidente que feriu você pode ter sido difícil de lembrar por alguns anos, mas, depois de um tempo, o sentimento por trás da memória se dissipou. Algumas coisas que antes pareciam injustas agora são vistas como bênçãos ou lições que lhe trouxeram ensinamentos, além de mais habilidades, profundidade e compaixão.

Se olharmos nossa vida mais de perto, veremos que, desde que nascemos, temos experimentado a mudança e nos adaptado a ela. Claro que isso não significa que sempre fomos felizes ou que nunca tenhamos enfrentado desafios e aborrecimentos. Significa que fomos capazes de prosseguir e de retomar o equilíbrio.

Olhando nossa vida com mais atenção ainda, vamos perceber que conseguimos enxergar todas essas mudanças porque há algo que não mudou por completo. Para notar a mudança, é necessário um ponto de referência; é preciso que algo permaneça igual para observarmos tudo o que está se modificando. Esse ponto de referência é o que você realmente é. Seu "eu" ou "ser", ou seja lá como queira denominar. Você.

Não seu corpo, porque você sabe que é mais do que um corpo. O próprio fato de nos referimos a ele como "meu corpo", e não como "eu", já indica que somos algo separado dele. Do mesmo modo, falamos "minha mente", "meus pensamentos", "minhas memórias" e "meus sentimentos". Você pode nunca ter percebido, mas em algum nível sutil já compreendeu que é algo além dessas camadas ou dimensões de sua existência. Às vezes, você tem um lampejo disso quando reencontra, após muitos anos, um velho amigo ou um parente distante e fica em choque: como ele mudou! Quase não o reconheceu. E, ainda assim, você se sente a mesma pessoa. Não mudou. Mesmo fazendo uma retrospectiva da vida, olhando fotos e lembrando-se dos altos e baixos, dos desafios e das aventuras, você percebe que, mesmo a vida estando diferente, parte de você permanece totalmente igual: você. O que você realmente é. E, independentemente do que tenha acontecido com você, bom ou ruim, deixou uma parte inalterada. Para nos tornarmos verdadeiramente felizes, serenos e bem-sucedidos, precisamos nos tornar inabaláveis, pelo menos até certo ponto, e isso começa voltando nossa atenção para aquilo que é imutável. Para encontrar uma âncora na vida que lhe permita navegar com êxito por todas as tempestades de emoções e desafios – isso é o centro de sua existência.

Meditação é sobre utilizar essa parte de si mesmo, de si mesma, experimentá-la conscientemente, identificar-se com ela. Remover todas as camadas de nossa identidade e existência, até encontrarmos o ponto que permanece intacto além do tempo. Essa é a fonte de nossa verdadeira força, e, para encontrá-la, precisamos olhar para dentro de nós. Aqui, gostaria de acrescentar que meditação não é apenas atenção plena, é muito mais, e vamos discutir isso mais adiante, neste livro. Não é algo que você possa fazer instalando um aplicativo e ouvindo-o quando tem um tempo livre. Requer prática, um pouco de introspecção e comprometimento. Mas não se preocupe; este livro vai ajudar nessa jornada, e esse é um caminho possível para todos, não somente para aqueles com preparo físico ou inclinação para eremita.

Claro, os personagens Po, de *Kung Fu Panda*, ou Luke Skywalker, de *Star Wars*, devem ter levado apenas algumas horas olhando para o próprio interior para encontrar a verdadeira força e se tornarem aptos a superar os desafios. Na realidade, isso pode não ser tão fácil, e talvez eu e você precisemos de um pouco mais que algumas horas para dominar essa arte. Mas isso não significa que esteja fora de alcance. E vale a pena, para qualquer pessoa.

Tive a sorte de conhecer a meditação verdadeira aos 16 anos de idade, com o mestre Gurudev Sri Sri Ravi Shankar. Estou desde então tentando aprender muito mais dessa arte com ele. Com sua bênção, venho nos últimos quinze anos ensinando as pessoas a gerenciarem a própria mente e a meditarem, e se há algo em comum entre todas elas é que são iguais a mim e a você. Podem ser chefes de Estado, secretários do lar, universitários, presidiários, executivos ou aldeões. Todos enfrentam problemas parecidos. Quando estão estressados, ansiosos ou aborrecidos, não conseguem aproveitar a vida ou estar efetivamente no trabalho e lutam para recuperar o equilíbrio, uma vez que a vida não saiu conforme o planejado. A menor possibilidade de que as coisas não saiam de acordo com o esperado pode ser suficiente para causar insônia, estresse e ansiedade. Isso mina a capacidade de aproveitar as coisas que a vida tem a oferecer, sejam pequenos prazeres, sejam grandes conquistas.

Todos nós já não sentimos que a comida mais saborosa ou o cenário mais belo perdem o charme quando estamos estressados, aborrecidos ou ansiosos? A qualidade de vida está intrinsecamente relacionada à qualidade do nosso estado mental, ainda que nunca tenhamos aprendido como a mente funciona de fato ou como lidar com ela.

Nos próximos capítulos, vamos embarcar em uma linda jornada interior, rastreando nossos passos para descobrir onde pegamos o caminho errado ou deixamos de ver alguns dos sinais. E saiba que você já deu o passo mais importante: você parou. Parou de se afastar da felicidade, da paz e da liberdade verdadeiras, que estavam escapando até agora. Ao parar, você deu mais um passo rumo ao seu objetivo. Esta é uma jornada que pode lhe permitir começar a ter o controle de sua felicidade, passo a passo.

Conforme você progredir, terá maior inspiração para implementar ferramentas simples na vida diária que possibilitarão não só se tornar alguém melhor como também um ponto de referência e um refúgio às pessoas ao seu redor. Não se preocupe. Isso não requer que você se sente em posição de lótus ou troque seu apartamento ou sua casa por uma caverna nas montanhas. Você já andou muito tempo por aí, procurando algo. Pode ter mudado de emprego, de relacionamento, de cidade ou até de país. Isso tudo trouxe cansaço, e não houve resultado duradouro. Chegou a hora de descansar, de recarregar e, finalmente, de começar a olhar para o próprio interior.

SUTRAS DE SABEDORIA

- A única coisa constante na vida é a mudança. Reconheça que ela é inevitável e abrace-a voluntariamente.
- Você experimenta as mudanças porque há uma parte de você que não muda. Acolha essa parte imutável e saiba que isso é o que você realmente é.

DEZ MINUTOS DE EXERCÍCIO

Faça uma lista de todas as coisas que não podem faltar a você ou sem as quais não gostaria de ficar. Veja quantas delas estão sujeitas a mudanças ou podem mudar a qualquer momento. Isso inclui o emprego dos últimos dez anos, o dinheiro guardado para a educação dos filhos, seu relacionamento ou a casa própria que você finalmente vai adquirir após muitos anos fazendo os investimentos certos.

Quanto mais você sente que não pode ficar sem essas coisas, mais está condicionando sua felicidade, sua sensação de segurança e sua liberdade. Pergunte-se por que não pode ficar sem elas: o que está procurando fora de si capaz de fazer você se sentir confortável ou em paz? O que essas coisas lhe darão que você já não tenha para que se sinta livre? Você poderia ser feliz sem ter tais coisas?

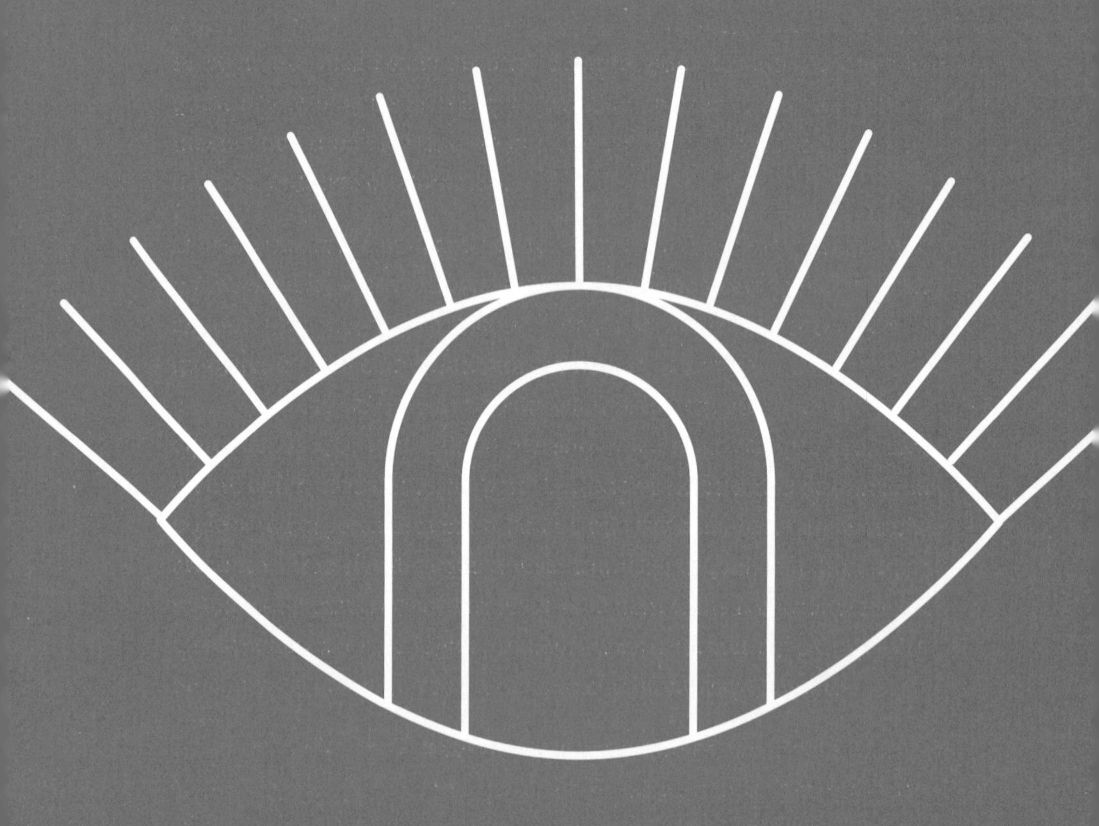

COMPREENDENDO COMO NOSSA MENTE REAGE À MUDANÇA

Era um dia quente e ensolarado – definitivamente, não um daqueles para ficar em casa sentado no sofá, pensei. As férias de verão estavam se aproximando, com a expectativa de liberdade. A única coisa entre mim e todo um capítulo novo de minha vida eram as provas finais, e, ainda que eu fosse um aluno brilhante, havia sempre aquelas matérias desafiadoras. Física era a principal delas. Mesmo que eu gostasse do assunto, minhas médias ao longo do ano não haviam sido lá aquelas coisas, e eu não podia me dar ao luxo de estragar tudo no exame final. Não se quisesse me formar no ensino médio.

Eu vinha estudando muito nos últimos dias, tentando enfiar na cabeça o máximo possível de informação, mas infelizmente a minha mente trabalhava como a das demais pessoas: quanto mais tenso você fica, menos absorve de fato. Portanto, estudar de duas a três horas seguidas consistia, sobretudo, em me preocupar com o exame, criando na mente vários cenários de sucesso e de fracasso, e em recontar as páginas que ainda faltavam para estudar. A cada folhear do livro, acontecia uma coisa ou outra: página com diagramas, figuras, esboços e texto pequeno me animava; página cheia de texto significava mais trabalho e tensão. "Vamos, concentração, foco. Você só tem um dia para a prova", eu dizia a mim mesmo. Mas querer focar e conseguir não são, infelizmente, a mesma coisa, e isso não é fácil.

"Vocês têm três horas para terminar a prova. Por favor, permaneçam em silêncio e desliguem os celulares. Só poderão deixar a sala depois de entregar as folhas", anunciou o professor responsável pelo exame. Com cuidado, coloquei meu relógio, meus lápis, minhas canetas e uma borracha sobre a mesa. Depois de um assistente do professor ter colocado, viradas para baixo, as folhas da prova na minha carteira, roguei em silêncio, a quem pudesse estar ouvindo, para que me ajudasse a passar por aquilo.

Peguei o maço de folhas grampeadas e o virei. Dei uma olhada rápida nas questões, esperando encontrar coisas conhecidas ou que eu soubesse fazer. Mas não fui muito longe. As duas primeiras questões não faziam nenhum sentido. Aprendemos isso? Perdi esse conteúdo? Meu cérebro estava acelerado, tentando lembrar o significado daqueles termos ou quando eles tinham sido vistos. Talvez em sala de aula, mas não tinha certeza. Minhas mãos ficaram um pouco suadas, e vi que eu tinha duas opções: poderia entrar em pânico, pôr tudo a perder e aguentar as consequências, ou dar um tempo para a mente se acalmar e ver como poderia fazer o melhor daquilo que a vida colocara ali, diante de mim.

Fechei os olhos por um momento, respirei fundo e decidi começar pela terceira questão, fazendo o melhor para responder bem a ela. Se sobrasse tempo, poderia voltar às duas primeiras questões e talvez ter uma ideia de como resolvê-las também.

INFELIZMENTE, ESSA É UMA SITUAÇÃO QUE, VEZ OU OUTRA, TODOS TEMOS DE ENCARAR. A má notícia é que não acontece uma ou duas vezes; é um ciclo que parece não ter fim. Não importa quão preparado você ache que está, a vida tem um jeito de chegar de formas novas e inimagináveis até para a mente mais brilhante. As coisas não acontecem conforme o esperado, e a única coisa que você pode fazer é administrar uma situação da melhor maneira possível. Mas eis o problema: não aprendemos a fazer isso. Frequentamos a escola por anos, e ninguém se preocupou em nos ensinar a administrar a mente. Ou, talvez, eles não aprenderam a fazer isso também?

Desde os primeiros anos escolares, os professores nos diziam, ocasionalmente, que prestássemos atenção. Não que não quiséssemos. Quem não gostaria de manter o foco, ir bem na escola e passar muito menos tempo estudando e fazendo lição de casa? Qual funcionário não gostaria realmente de se concentrar no trabalho, realizar mais com menos erros, em prazo menor? Não seria muito mais fácil se você pudesse se concentrar no que está fazendo em vez de se preocupar com o que pode ou não acontecer ou ficar mal com algo que não saiu conforme o esperado? Em todos esses anos de estudo, ninguém nos ensinou como a nossa mente, que usamos para estudar e fazer tudo o mais na vida, funciona de verdade. Ainda que nos esforcemos, ficamos à mercê dessa coisa imprevisível chamada mente. E ela pode surtar de repente, ficar estressada, triste ou ansiosa, deixando-nos confusos, independentemente do que façamos de bom por nós mesmos.

Você pode ter um bom emprego, uma família estruturada e várias outras coisas que sempre quis ter e, ainda assim, enfrentar insônia, não importando quantas vezes diga a si que não precisa se preocupar com a apresentação que vai fazer no dia seguinte. Não importa quão sinceramente você diga à sua melhor amiga que esqueça o ex-namorado que a abandonou, uma vez que vocês concordam que ela está muito melhor sem ele. Todos sabemos, lá no fundo, que não é fácil. Ela sabe que deveria esquecê-lo, superar, ser feliz e aproveitar a vida de novo, mas como fazê-lo, na realidade? Você pode ficar dizendo à sua mente que pare com isso, mas, na maior parte do tempo, ela não ouve – não mesmo! Isso acontece porque o tão conhecido "pensamento positivo" ou a insistência em "estar com atenção plena" não funcionam de todo, o que pode agravar ainda mais o estresse e deixar você com um cansaço mental.

Agora, e se eu lhe dissesse que algo imprevisível não é, na realidade, totalmente imprevisível? E se eu lhe dissesse que há leis que governam nossa mente (princípios fixos) e que essas leis, quando bem compreendidas, podem ser administradas de modo muito mais eficaz? Se você observar a sua vida com atenção, vai descobrir que a sua mente pode, na verdade, ser o seu maior obstáculo para uma vida feliz e serena.

Gastamos muito tempo e energia tentando conquistar todas as coisas que consideramos necessárias para nos sentirmos felizes: relacionamentos, conforto material, sucesso, viagens pelo mundo, trabalho voluntário ou qualquer outra coisa. E ainda descobrimos que, mesmo que consigamos tudo o que desejamos, não há garantia de que conseguiremos usufruir. Uma chamada telefônica, uma mensagem de texto, uma notícia inesperada ou uma discussão com uma pessoa querida podem acabar com a nossa paz de espírito e a nossa qualidade de vida. Muitas pessoas que moram em belas casas e ostentam um estilo de vida que muitos desejam alcançar estão tomando medicamentos contra depressão e estresse e têm dificuldade de dormir. Precisamos acordar e perceber que conforto e felicidade não são a mesma coisa; que, para sermos realmente felizes, precisamos começar a olhar para dentro de nós. Quando fizer isso, a primeira coisa que encontrará será a sua mente.

A mente é, sem dúvida, a parte mais utilizada e subutilizada de nossa existência. Tem papel em tudo o que fazemos na vida, ainda que nunca tenhamos parado para pensar nisso. É responsável tanto por nossas ideias mais criativas e geniais quanto por nossos maiores erros e falhas, mesmo que jamais tenhamos aprendido a lidar com ela ou com o seu funcionamento. Aprendendo a compreender a mente e as leis que a regem, poderemos finalmente começar a ter controle sobre ela e, consequentemente, sobre nossa vida.

Se você observar sua mente de perto, perceberá que ela tem dificuldade em apenas estar presente no que você está fazendo naquele momento. Ela permanece ativa, seja no passado, seja no futuro. Pare por um instante e observe. Enquanto lê este capítulo, você pode ter se lembrado de algo que ainda precise fazer hoje ou imaginado uma versão diferente de você no futuro, livre de estresse, preocupações e insegurança. Eventos passados ou pessoas vieram à sua mente sem pedir permissão. O interessante é que a nossa mente dificilmente permanece no momento presente, e geralmente não damos conta disso. Apenas quando você comete um erro, como derramar água quente ao preparar um café ou bater o dedinho do pé em um móvel, que percebe que a "sua mente não estava totalmente ali". Nossa mente não está no que estamos fazendo de fato, então cometemos erros, trabalhamos sem entusiasmo e obtemos resultados medíocres – não só no trabalho mas também nos relacionamentos.

Se você se examinar mais de perto, descobrirá que, sempre que está com foco, sem tensões, com criatividade e feliz, esses são os momentos em que sua mente está totalmente no presente. Felicidade, portanto, é o estado mental de estar presente por completo. E, toda vez que estiver triste, com algo incomodando ou aborrecendo, descobrirá que é porque sua mente estacionou em algum evento passado – algo que aconteceu e que você não consegue deixar ir. Preocupação, ansiedade e estresse, por outro lado, são todos sinais de mente presa ao futuro – resistindo a um possível resultado do que está acontecendo no exato momento com base em suas experiências passadas e em seu conhecimento. Mas todos nós já vivenciamos um tempo em que não éramos perturbados por nossa mente. Todos nós já experimentamos como é estar livre de verdade.

Você se lembra de quando era criança? De quão livre, feliz e pacífica era sua vida? Provavelmente você acordava de manhã com ânimo e entusiasmo. Era um novo dia, e você mal podia esperar para começar a brincar de novo. Não tinha preocupação com o que poderia acontecer mais tarde naquele dia nem pensava em como as coisas seriam amanhã ou na próxima semana. Também não pensava no que tinha acontecido no dia anterior, no que aquele garoto lhe dissera ou no porquê de aquela menina não ter devolvido o seu brinquedo. Você se envolvia totalmente com o que estava acontecendo naquele exato momento, mais do que com qualquer outra coisa que já tivesse feito. Mesmo se surgisse algum aborrecimento durante o dia, ficaria assim só por um instante, expressando-o na totalidade, e voltaria a ficar bem de novo. Você era tão livre, tão feliz e tão presente. No entanto, ao crescer, a vida se tornou mais complicada, assim como nossa mente.

Ninguém gosta de se preocupar com o futuro nem revive, voluntariamente, experiências passadas. O problema é que a nossa mente não nos escuta ou geralmente parece ter algo contra nós. Quanto mais você tenta parar de pensar em uma pessoa, mais ela lhe volta à mente, e, quanto mais tenta se lembrar de algo, menor é a chance de conseguir fazê-lo. Quando para de tentar, você percebe que o objeto da lembrança surge de repente, quase como se esfregasse na sua cara quão inúteis foram seus esforços para tentar se lembrar. Quantas pessoas não acharam que Deus tivesse algo contra elas ao irem mal naquela prova em que não conseguiram recordar o que haviam estudado e, assim que saíram da sala, o conteúdo todo lhe surgiu na mente? Esse é mais um exemplo clássico da falha que cometemos por não compreender o funcionamento da mente e como lidar com ela. Não que você não tivesse estudado o bastante para aquela prova ou não soubesse a matéria. Você só não conseguiu acessá-la no tempo necessário, apesar de todos os esforços. Ou será que não conseguiu acessá-la justamente *por causa* desses esforços? Mais uma lei da mente é que ela é regida pela falta de esforço, não por esforço. A lei do nosso corpo é o esforço; é com isso que estamos acostumados. Para treinar o corpo, deixá-lo mais forte, mais flexível ou mais habilidoso, precisamos aplicar força, prática e treino. Praticar um esporte, aprender a tocar um instrumento ou qualquer outra coisa, isso requer esforço. Nossa mente, porém, é regida por uma lei diferente. Seja para se lembrar de algo, ter criatividade, ter foco ou estar em paz, a chave é a falta de esforço.

É necessário deixar as coisas fluírem. Claro, às vezes fazemos isso, consciente ou inconscientemente, porque, do contrário, não conseguiríamos dormir à noite. Contudo, para conseguir estar com foco e em relaxamento ao mesmo tempo, precisamos de orientação e prática apropriadas, e é disso que trata a meditação. Meditação é um estado especial de consciência tranquila, e, com prática regular, a mente aprende a se manter relaxada e em paz, mesmo durante uma atividade, tornando-se muito mais efetiva e resiliente.

Outro aspecto da mente é que a qualidade do nosso estado mental e sua resiliência estão diretamente relacionadas ao nosso nível de energia. Se observar com cuidado, você vai perceber que uma mesma situação nem sempre causa perturbação – ou, pelo menos, não muito. Às vezes, basta algo ínfimo para tirar você do equilíbrio e gerar uma espiral de emoções negativas, enquanto, outras vezes, a mesma situação não lhe causa preocupação e você apenas a descarta. Nos dias (ou períodos) em que você está realmente sentindo cansaço, com os níveis de energia "no pé", qualquer coisa perturba, pode observar. Em contrapartida, quando seu nível de energia está alto e você descansou o suficiente, percebe que a mesma coisa não causa tanta perturbação, de modo algum. Então, cuidar do nível de energia ajuda a lidar com a mente e as emoções.

Aqui, é importante acrescentar que essa dinâmica é uma via de mão dupla: da mesma maneira, seu estado mental pode afetar seu nível de energia. Todos nós já tivemos dias em que ficamos ocupados organizando uma festa surpresa, uma celebração ou algum outro evento e, ainda assim, terminamos o dia nos sentindo ótimos. Fazer algo pelo qual se tem paixão parece até dar mais energia em vez de esgotá-la. Ao mesmo tempo, também sabemos como é o esgotamento quando fazemos coisas das quais não gostamos ou com as quais não estamos comprometidos. Só de se sentar e ficar se preocupando com algo é o suficiente para drenar a energia: o que você precisa fazer é apenas se sentar e permitir à mente que continue agitada, remoendo a sua própria miséria. Ainda que tenha consciência de que sua mente está no caminho errado, você precisa de muito mais consciência para conseguir superar isso.

É por esse motivo que os iogues também praticavam técnicas de respiração (*pranayama*) ao se prepararem para meditar. Algumas dessas técnicas são ferramentas efetivas para energizar, de forma rápida, o corpo e a mente, deixando esta calma e consciente. Eles também buscavam uma dieta e um estilo de vida que fossem favoráveis à manutenção de um alto nível de energia, uma vez que sabiam da influência desses fatores sobre a mente.

As técnicas de respiração são um dos modos mais fáceis de controlar a mente e de trazê-la rapidamente de volta a um estado de tranquilidade sempre que ela fica perturbada ou perde o foco. Esse foi um dos principais motivos que me fizeram ingressar pela primeira vez em um curso específico sobre essas técnicas, na época do ensino médio. Em meus treinos de artes marciais, eu já havia aprendido um pouco a usar a respiração para acalmar a mente e lhe trazer foco, mas a aplicação prática e o uso eram bem limitados em nossas aulas, e eu queria explorar mais. Como vimos, a mente pode ser muito difícil de controlar e pode não nos ouvir, mas a respiração facilita bastante essa tarefa.

Um belo exemplo que aprendi em um curso foi o de que a mente é como uma pipa, e a respiração, como a linha. Sem a linha, a pipa voa descontroladamente, dependendo da força do vento; porém, com a linha, você pode controlar para onde a pipa vai – a distância e a altura.

Aprendi que, toda vez que nossa mente ou nossas emoções mudam, o ritmo da respiração também muda, e isso é uma via de mão dupla. Claro que, nas artes marciais, aprendemos a acalmar a mente centrando a nossa atenção na respiração, mas percebi que há muitos aspectos a praticar. Não há apenas dois estados – "em paz" ou "em agitação" –, há toda uma gama de emoções e estados mentais, e cada um deles tem o próprio ritmo correspondente de respiração. Ao se tornar consciente da respiração e ao mudar, também conscientemente, a forma de respirar, você pode modificar ou reverter as modulações da mente. Quando alguém se enfurece, a respiração se torna mais rápida e superficial, enquanto alguém que está emotivo apresenta respiração instável. Quando há tristeza ou preocupação, a expiração se torna mais proeminente, e, em alguém em relaxamento e feliz, a inalação é naturalmente mais profunda. Comecei a experimentar essas técnicas e percebi que, tomando consciência da minha respiração e diminuindo o ritmo gradativamente até respirar de maneira profunda sempre que minha mente ficava perturbada, isso já me ajudava, um pouco, a encarar desafios repentinos. Poderia não estar pronto para me livrar, de imediato, de todo o estresse e toda a frustração ou irritação, mas, ao menos, minha mente ficaria um pouco mais centrada e consciente, permitindo-me não agir por impulso.

No entanto, mesmo sabendo de tudo isso, vemos que algumas pessoas lidam perfeitamente bem e outras ficam infelizes, aborrecidas ou perturbadas com uma mesma situação. Você pode achar que está em um momento difícil da vida e encontrar pessoas na mesma situação ou até pior, e, mesmo assim, elas aparentarem não estar sendo afetadas. "Como é possível?", eu costumava me perguntar. Uma história interessante, que ouvi há muitos anos, veio-me à mente e forneceu uma pista. Relata um incidente que dizem ter acontecido com Buda e nos dá um vislumbre de como libertar nossa mente da raiva, da tristeza e do ressentimento desnecessários, que nos impedem de sermos felizes e pacíficos neste exato momento, e de como lidar com situações desagradáveis.

Buda estava em um belo jardim fora da cidade. Todos os dias, pregava por algum tempo, compartilhando seus ensinamentos com aqueles que vinham escutá-lo. Um homem de negócios local começou a notar que, diariamente, seus filhos e alguns amigos deles desapareciam por algumas horas para ouvir Buda e foi ficando irritado com a situação. "Esse dito homem sagrado está enchendo a cabeça dos meus filhos com todo tipo de besteira, enquanto eles deveriam estar aqui, trabalhando", o homem pensou. "Ficar sentado lá com os olhos fechados não vai trazer nada para eles!"

Finalmente, o homem decidiu expressar sua desaprovação e foi até onde Buda estava sentado, ensinando. Ao chegar ao lugar, infiltrou-se na multidão e foi em direção a Buda. De repente, viu-se diante dele e, sem saber o que dizer ao santo, despejou toda a sua ira, cuspindo no rosto de Buda. Os discípulos de Buda ficaram nervosos, mas, vendo que Buda não dissera nada e ainda sorrira ao homem, não souberam o que fazer. O homem, percebendo que Buda sorrira para ele, ficou abalado, sem saber como reagir. Desconfortável, ele se virou rapidamente e fugiu, voltando para casa.

Naquela noite, o homem não conseguiu dormir. A face sorridente de Buda o assombrava – aquela fora a única reação pela qual ele não esperava, de maneira nenhuma, e ele não sabia o que pensar a respeito. Após ter se acalmado, o homem percebeu que seu comportamento não fora civilizado nem apropriado e que ele fora muito desrespeitoso com o santo. Sentindo-se culpado, voltou ao jardim no outro dia e, hesitante, aproximou-se de Buda, até finalmente estar diante dele mais uma vez. "Ó, Grande, por favor, perdoe-me por meu comportamento de ontem. Não sei o que deu em mim. Por favor, perdoe-me por minha ignorância e minha fúria."

O homem, então, olhou para Buda, cuja face ainda carregava o mesmo sorriso gentil. "Não posso", Buda respondeu. Ouvir isso não surpreendeu o homem, e sim os discípulos de Buda. O mestre era a personificação da compaixão, e nem ele estava pronto para perdoar o comportamento rude daquele homem? "Não posso perdoá-lo", Buda continuou com um sorriso, "porque você não fez nada errado".

"Meu Senhor, acho que não está me reconhecendo", o homem falou. "Sou aquele que veio aqui ontem e cuspiu em sua face."

"Não, não é", Buda respondeu. "Você não é o mesmo homem de ontem. Nem eu sou o mesmo que foi cuspido ontem. Como ambos somos pessoas diferentes, como eu poderia perdoá-lo? Quem está aí para perdoar, e para ser perdoado, e para quê?"

Essa história é frequentemente apresentada para exemplificar como a verdadeira compaixão deve ser praticada, mas também nos ensina um modo de libertar a nossa mente do peso desnecessário de eventos passados que continuam a nos assombrar. É uma técnica ensinada nas escrituras iogues a qual Buda, como iogue que foi, conhecia. Resume-se ao fato de que, quanto mais importância dermos aos eventos, mais fortes as impressões se tornarão e nos incomodarão, tornando-se pensamentos recorrentes.

Você já parou para pensar por que certos pensamentos continuam a voltar, enquanto outros, não? Prestou bastante atenção às coisas de que se lembra e àquelas das quais não se recorda? Você pode se lembrar do que alguém disse sobre você pelas costas, anos atrás, mas não vai se lembrar do que comeu no almoço há uma ou duas semanas, a menos que tenha sido algo diferente ou em uma ocasião especial. Você não se lembra do almoço porque não foi algo importante para você. Essa também é a razão pela qual a maioria de nós não se lembra de nenhum dos sonhos que teve à noite. Podemos acordar ansiosos, nervosos, tristes ou muito felizes, mas, após percebermos se tratar apenas de um sonho, as emoções costumam diminuir em segundos. E, depois de algumas horas, nós geralmente nem mesmo nos lembramos do sonho.

Um colega de trabalho pode ter abusado de você em um sonho, mas, no momento em que você o encontra pessoalmente, nem se lembra disso ou fica contra ele. Se você ao menos tem alguma lembrança vaga do sonho, pode até dar boas risadas com esse amigo, contando-lhe o que ele fez a você. No entanto, se uma fração do que aconteceu no sonho tivesse acontecido na vida real, isso poderia arruinar a relação de trabalho e, talvez, até destruir a paz e o bem-estar no escritório por semanas, meses ou anos. A única diferença aqui é quanta importância você deu ao evento.

Alguns podem argumentar que não é possível comparar esses dois cenários, porque sonhos não são reais; todavia, o princípio discutido aqui se aplica, definitivamente, à nossa mente e é válido. Outro exemplo pode ser o de alguém chamando você de idiota ou gritando na rua enquanto você está indo para casa. Você pode não se aborrecer muito com o evento, achando que a pessoa pode tê-lo confundido com alguém ou que talvez esteja embriagada. Na maioria dos casos, você nem se lembrará do incidente após alguns dias. No entanto, se o agressor fosse algum familiar ou alguém do seu ambiente de trabalho, a história seria bem diferente. Por quê? Porque daríamos a isso muito mais importância. Trauma é um estado no qual não conseguimos esquecer determinada experiência – algo visto, ouvido ou experimentado, que fica nos perturbando. Então, de certo modo, você pode dizer que, até que realmente tenhamos condições de superar o passado, estamos todos traumatizados, de alguma forma.

É por essa razão que não são os desafios nem as situações que nos perturbam tanto e nos tiram a paz de espírito; é a impressão que eles deixam em nós que continua a puxar nossa mente para o passado ou empurrá-la para o futuro, fazendo-a oscilar entre a ira, a tristeza e o desapontamento, de um lado, e a ansiedade, o estresse e a insegurança, de outro. E é aí que encontramos uma pista de como viver uma vida mais feliz e tranquila. Quanto mais você começa a olhar para dentro de si, mais percebe que não é o mundo exterior que define a nossa felicidade e a paz de espírito, mas o mundo que criamos dentro de nós. É a bagagem que acumulamos à medida que crescemos, mesmo de experiências ruins ou sonhos e desejos de como pensamos que as coisas deveriam ser, que nos puxa para baixo e não nos permite estar em paz para onde quer que a vida esteja nos levando.

Perceber isso é o próximo passo para chegar ao objetivo. Agora, você começará a ver aos poucos que, em todas as suas ações, não houve falta de empenho ou comprometimento; você só estava procurando pelas coisas erradas, ou melhor, olhando para o lado errado. Venha, vamos continuar. Não pare aqui. Agora, estamos prontos para começar a fazer as perguntas certas, as quais, consequentemente, levarão às respostas certas.

No entanto, como em qualquer jornada que valha a pena, não se esqueça de fazer uma pausa e olhar ao redor. Muitas vezes, as mais belas experiências e as descobertas mais preciosas são aquelas que acontecem enquanto você está à procura de outra coisa. A nossa mente tem muitos segredos a desvendar àqueles que param para ouvi-la de verdade.

SUTRAS DE SABEDORIA

- A lei da mente é a falta de esforço. Quanto mais tranquila e relaxada a sua mente estiver, mais poderosa ela se tornará.
- Em nível mental, menos é mais. Quanto mais vazia estiver a sua mente, mais feliz, em tranquilidade e livre você estará.
- Quanto mais importância você der a algum evento, mais fortes as impressões se tornarão. Acorde para a transitoriedade da natureza das coisas – isso libertará sua mente.

DEZ MINUTOS DE EXERCÍCIO

Sente-se em silêncio. Pense no hoje e nos últimos dias. O que deixa a sua mente preocupada? Quais situações ou pessoas incomodam você, estão lhe aborrecendo, chateando ou causando preocupação? Anote tudo. Gaste o tempo que precisar para pensar. Se nada muito importante lhe vier à mente ou você não se lembrar de algo neste momento, observe a sua mente no dia seguinte ou sempre que sentir alguma coisa lhe prendendo ao passado ou futuro e faça as anotações.

Agora, olhe para cada item que você escreveu, um a um, e pergunte-se por que está dando tanta importância a ele. Você perceberá que a sua ira, a sua tristeza e a sua frustração com eventos passados, assim como as preocupações e a ansiedade em relação ao futuro, têm como base experiências e conceitos acumulados ao longo dos anos.

Acorde e perceba que o passado se foi. Independentemente do que tenha acontecido ou o que alguém lhe tenha dito ou feito, veio e se foi. Não é nada mais do que um sonho, e o único poder que isso tem sobre você agora é o poder que você concede. Quanto mais deixar o passado no passado, mais você conseguirá se libertar das emoções por trás dos eventos que perturbam a sua mente – e será mais livre.

Agora, feche os olhos por um momento e, de forma consciente, deixe o seu passado inteiro para trás. Deixe tudo: o bom, o mau, o certo e o errado. Abandone a sua própria identidade e tudo o que você acha que sabe sobre a vida e este mundo. Abandone todas as suas experiências. Sinta-se como um bebê que acabou de chegar ao mundo, e você é como uma página em branco. Não tem passado, nem planos para o futuro, nem objetivos, preocupações ou conceitos sobre quem é ou sobre como as coisas deveriam ser. Abandonando o passado todo, perceba quão vazia e tranquila fica sua mente e quão livre você está se sentindo agora.

O QUE VOCÊ BUSCA?

Ainda eram oito horas da noite, e eu tinha tempo para, finalmente, ler as mensagens de e-mail pendentes. Nos últimos dias, estivera ocupado conduzindo um retiro de ioga em Rishikesh para um grupo de entusiastas da América do Sul. Abri o notebook, entrei na minha conta e vi que havia 50 mensagens não lidas. Vendo os remetentes, notei um que me era familiar: Shweta.

Shweta me escrevera pela primeira vez, no Facebook, mais ou menos três anos antes, pedindo-me um pouco de orientação e bênçãos. Perdera o emprego em Dubai, e o rapaz com quem se relacionava a deixara de repente, quando ela achava que eles finalmente se casariam. Shweta estava desesperada para se casar porque acabara de completar 30 anos e os pais a estavam pressionando. Eu dera a ela algumas orientações sobre como lidar com essas situações e com a própria mente. Nos meses seguintes, a vida havia sido uma luta para ela, quando outras propostas de casamento não foram bem-sucedidas nem as candidaturas de emprego. Até que um dia ela me escreveu contando que suas orações finalmente tinham sido atendidas. Ela se candidatara a uma vaga em um banco, que divulgara uma posição pela qual ela esperava havia anos, e fora admitida. Além disso, tinha sido apresentada a Vishal, que trabalhava nos Estados Unidos. Eles conversaram por telefone, e ele era muito bondoso, atencioso, humilde e de grande valor. Era a pessoa perfeita. Nos meses que se seguiram, as famílias também chegaram a um acordo sobre o casamento, e o dia pelo qual ela tanto orara finalmente chegara: Shweta casou-se com um homem maravilhoso e mudou-se para os Estados Unidos, outra coisa com a qual sonhava. Nos meses posteriores, recebi mais uma mensagem de Shweta contando como sua vida estava acontecendo conforme esperara e que ela estava muito feliz.

Então, após alguns meses, comecei a receber mensagens dela novamente. Agora, Shweta precisava encontrar um emprego nos Estados Unidos e estava preocupada em conseguir um de que gostasse e pagasse bem. Além disso, como ainda era nova no país, sentia-se incomodada quando o marido passava tempo demais com os amigos. Eles não tinham muito a ver com ela, então ela não apreciava muito a companhia deles. Shweta queria estar perto de Vishal, mas ele também queria passar algum tempo com os amigos. Ela temia que eles acabassem se desentendendo e ele a deixasse, ficando sozinha novamente. Suas inseguranças e cobranças colocaram mais tensão no relacionamento, e Shweta se tornou mais ansiosa. Ela foi aceita em um grande banco após se candidatar a várias vagas de trabalho, mas o emprego não era o que ela esperava. Shweta sentia que aquilo não era o que sonhara para si. Ia para o trabalho e se sentia infeliz lá, achando que não era o que queria. Claro, era uma mulher de sorte, ela me disse, porque não estava à toa em casa; tinha um bom emprego, com um bom salário, mais do que muitas pessoas têm. Recebera tudo o que pedira e, ainda assim, não estava feliz de verdade.

Parei por um momento, tomei um gole do chá de ervas à minha frente, então comecei a digitar minha resposta.

O QUE VOCÊ QUER DA VIDA? Por que está aqui? Mesmo que ainda não tenha chegado ao ponto de fazer esses questionamentos fundamentais, você não pode deixar de fazer escolhas. E, na maioria das vezes, percebe mais tarde que não acabou onde ou com o que queria. A alegria, a completude, a paz, a felicidade verdadeira ou o amor que estava tentando alcançar com tanto afinco continuam se esvaindo por entre os dedos, quase tangíveis, mas fora de alcance. Quanto mais infelizes estamos, mais gritantes essas questões se tornam. Ainda assim, todos aqueles que tentaram alcançar esses objetivos de verdade – ao menos boa parte deles – dirão o mesmo: a resposta que você estava procurando e o que mais quer são coisas que sempre estiveram lá e jamais poderão ser perdidas. Você só percebe isso quando começa a fazer as perguntas certas.

Se olhar meus amigos do ensino médio e da universidade, poderei dizer, tranquilamente, que a maioria deles acabou fazendo algo muito diferente daquilo para o qual estudara, de fato. E isso não aconteceu porque eles não conseguiram o emprego para o qual eram mais qualificados, mas porque não tiveram interesse suficiente em encontrar esse trabalho. Eles perceberam que preferiam fazer outras coisas.

Isso acontece com muitos de nós. Você começa algo apenas para descobrir, ao longo do caminho, que "aquilo não era o que você queria ou esperava" de verdade. Infelizmente, a maioria das pessoas acaba vivendo assim. Não sabe ao certo o que quer ou o que está procurando, e isso a leva ao desapontamento ou à frustração. É como embarcar em um trem sem saber aonde quer chegar. O trem leva você a algum lugar, e você desce apenas para olhar em volta e perceber que não é onde gostaria de ter desembarcado. Você não sabe exatamente aonde quer ir, mas tem certeza de que esse não é o lugar. Soa familiar?

Você está procurando a felicidade verdadeira, a alegria duradoura e a liberdade real, mas não sabe onde encontrá-las nem por onde começar a procurá-las. Acorda um dia e percebe que o relacionamento no qual está não é aquele que você esperava, ou que o trabalho não é aquele pelo qual ansiava, e tem total certeza de que não é assim que quer passar o resto da vida. Tudo o que você sabe é que não é isso.

Nesse ponto, algumas pessoas acabam se deixando levar pela vida e continuam no mesmo caminho, desiludidas, mesmo sabendo no fundo que ele não vai conduzi-las para onde gostariam de ir. Mas agora é tarde para voltar atrás; elas já perderam muitos anos nessa estrada.

Outras pessoas, mais destemidas ou aventureiras, podem decidir dar um salto de fé e tentar um novo caminho. Escolhem uma das inúmeras opções que supostamente as levarão à felicidade verdadeira e dedicam-se a esse propósito com afinco. Isso pode até parecer confuso, porque, se olharmos as propagandas que dia e noite nos bombardeiam com qualquer coisa – um sabonete especial, um desodorante, um pacote de macarrão instantâneo, um relógio de luxo, um veículo esportivo –, todas elas vêm com a promessa de felicidade real ou de família perfeita, ou com a sensação de liberdade genuína.

Em algum momento da infância, deixamos de ser felizes com o que tínhamos e começamos a postergar a felicidade, relacionando-a a algo que não existe. Você viu seu irmão mais velho pronto para o primeiro dia de aula no ensino médio, carregando uma mochila enorme, e pensou: “Uau! Quando eu for para o ensino médio e tiver uma mochila igual a essa, vou ser realmente feliz!”. Contudo, quando chegou ao ensino médio e conseguiu o que julgou o faria feliz, bastaram apenas alguns instantes para que sua mente se prendesse à próxima coisa – quando tiver *isso*, serei realmente feliz. Seja isso o celular que o seu amigo acabou de adquirir, seja o encontro com aquela pessoa, seja uma viagem à Europa.

Lembro-me de quando as roupas largas se tornaram a última moda nos Países Baixos, meu local de origem, no começo do ensino médio. Eram novidade, eram legais, e, de repente, as roupas que eu vestia no último ano pareciam dois ou três números menores – e eu nem crescera tanto. Meus pais haviam se divorciado dois anos antes, e eu e o meu irmão estávamos morando com minha mãe. Éramos felizes, mas nunca tivemos muito dinheiro, então costumávamos comprar roupas usadas. Eu guardara um pouco do que havia ganhado entregando jornais e há pouco tempo começara a trabalhar como ajudante de cozinha em um bistrô local, aos finais de semana. Mal podia esperar para comprar algumas daquelas roupas imensas para completar meu estilo. Ah, e ainda havia os calçados, da marca usada por todos os skatistas. Eu já havia ido às principais lojas desse tipo de roupa em nossa cidade – algumas vezes, para falar a verdade. Checara os preços cuidadosamente e calculara quantos finais de semana a mais precisaria trabalhar para conseguir comprá-los. Eram os modelos mais caros.

Finalmente o dia chegou, e nem as fortes chuvas conseguiram me deter. Quando cheguei em casa e parei a bicicleta na frente do nosso quintal, estava encharcado, mas radiante! Carregava três sacolas plásticas com três camisetas novas, dois moletons, duas calças extragrandes, um cinto novo (para segurar a calça ridícula) e, por fim, meus calçados novos! Lembro-me de minha mãe olhando pela janela da cozinha, sorrindo ao ver o filho tão feliz. Ela compartilhou minha alegria comigo e foi a primeira a me dizer que experimentasse as roupas novas e lhe mostrasse como haviam ficado em mim. Revendo isso agora, eu a aprecio ainda mais pela mulher sábia que era, porque ela devia saber que aquelas roupas pelas quais eu trabalhara tanto teriam charme por um tempo limitado. E foi exatamente isso o que aconteceu. Nos primeiros dias, talvez nas primeiras semanas, eu as vesti com muito orgulho, sentindo-me ótimo por minha noção de moda. Mas logo minha mente encontrou outra coisa para focar. Se pudesse ter aquele CD *player* portátil igual ao do meu amigo, eu conseguiria ouvir música em qualquer lugar, até mesmo indo para a escola de bicicleta.

Mais uma vez, eu procrastinara minha felicidade, com sucesso. E o ciclo continua. Acabamos olhando para tantos lugares que nos esquecemos de prestar atenção às pistas sutis deixadas por nossa mente e nossa consciência para chegarmos, de verdade, ao nosso objetivo.

Se você olhar sua vida e sua mente com mais atenção, vai notar algo fascinante. Toda vez que aproveitar algo de verdade, sempre que experimentar prazer ou felicidade, você vai perceber que sua mente parará por um instante e se voltará para dentro de si. A mente que, em geral, está imersa em todas essas experiências sensoriais e é levada a tantas direções faz uma pausa em seu externar de emoções e toma o caminho inverso. Pense nisso: o que acontece quando você prova algo muito saboroso? Por exemplo, um sorvete diferente que seu amigo lhe trouxe. Você enche uma colher da iguaria e a coloca na boca. E o que acontece? Por um momento, você fecha os olhos e aprecia totalmente o sabor. Vivencia a experiência por completo, e um sentimento de alegria, satisfação e paz transborda de você, mesmo que por um instante. Toda vez que algo parece delicioso, você fecha os olhos naturalmente por um momento, para reviver a experiência. Isso lhe traz alegria.

Coisa parecida acontece quando você sente a fragrância de algo requintado, como uma rosa selvagem ou um jasmim, ou um perfume sutil. Ao perceber esses cheiros, seus olhos se fecham automaticamente por alguns segundos, e sua mente faz uma parada, enquanto você curte a experiência o máximo possível. Mas isso é você aproveitando a experiência ou a experiência levando você para dentro de si? Mesmo que esteja ouvindo alguma coisa bela, como uma canção que lhe toca fundo, ou tendo a experiência do toque, como um abraço ou os cuidados de alguém que ama, tudo isso tem efeito parecido. Fechamos os olhos por um instante, a mente volta-se para dentro de nós, e experimentamos aquele momento de alegria, felicidade ou prazer.

Infelizmente, nem sempre isso acontece, e é aí que temos outra pista. Você ouve uma música em algum lugar, e ela lhe faz tão bem que você acha que esse é o chamado e baixa a canção ou a acessa pelo *streaming*.

O pensamento por trás do desejo de tê-la é o de que, quando a ouvir novamente, você sentirá a mesma alegria ou paz. Mas provavelmente ela não terá o mesmo efeito em você quando a tocar de novo. O mesmo acontece com um filme emocionante que você viu ou com o prato incrível daquele restaurante novo. Descobrimos que, fazendo a mesma coisa, não temos o mesmo resultado. Isso significa que a alegria ou a paz que experimentamos antes não foi somente por causa daquela canção, daquele filme ou daquela comida maravilhosa; esses foram apenas gatilhos naquele momento para você se voltar para dentro de si e experimentar a alegria que já estava presente. Esse estímulo externo nem sempre desencadeia a mesma emoção em você. Pense nisso: se foi a comida que fez com que se sentisse de determinada forma, ela deveria ter o mesmo efeito em você toda vez que a comesse, mas não tem.

Quantas vezes você voltou a um lugar, ou pediu o mesmo prato especial, ou assistiu ao mesmo filme, esperando que isso lhe fizesse tão bem quanto da primeira vez, ou da vez anterior, apenas para descobrir que não atingiu suas expectativas? Se você nunca se atentou a isso, começará a fazê-lo agora, porque essas são lições valiosas que a vida está nos ensinando a todo momento.

Outra pista para resolver esse mistério se dá quando você começa a questionar por que algumas pessoas gostam de coisas assustadoras ou de suspense. Já parou para pensar nisso? Quando criança, por que você queria ir ao Castelo do Terror no parque de diversões? Por que as pessoas gostam de livros de horror ou filmes de suspense? Por que alguém preferiria se sentir apreensivo ou assustado de propósito? Pela mesma razão que leva as pessoas a andarem de montanha-russa ou em alta velocidade sobre uma moto, ou a saltarem de paraquedas. Todas essas experiências têm em comum o fato de que, por um instante, a mente para e se volta totalmente para o momento presente. Pense nisso. Nossa mente, que em geral está o tempo todo entre o passado e o futuro, aborrecida com o que aconteceu e preocupando-se com o que poderá acontecer, de repente paralisa. A narrativa, o filme ou a experiência são tamanhos que, naquele estado de suspense, a mente para e fica totalmente no presente. E, quando está no presente, ela está feliz. Essa é a única razão pela qual essas experiências assustadoras podem dar satisfação. São formas de trazer a mente, temporariamente, ao momento presente. Algumas experiências que trazem sua mente para o momento presente, para o aqui e agora, vão, portanto, proporcionar-lhe um pouco de alegria e felicidade passageiras, porque só há felicidade no presente. Ela nunca estará no passado nem no futuro; somente no agora. Quando perceber que esse é o seu estado natural, que você não precisa de nada externo para ser feliz, verá que tudo o que precisa fazer é aprender a trazer sua mente, habilmente, de volta ao presente toda vez que ela ficar presa no passado ou no futuro. Com ela no momento presente, você será mais feliz.

Usando esse princípio, você pode dar um passo além e aplicá-lo, também, em atividades não tão interessantes. Ao colocar a mente por completo no que está fazendo, você começará a sentir maior tranquilidade, aproveitando muito mais a tarefa que tem em mãos. Esse é, igualmente, um dos princípios por trás da atenção plena. Quanto mais conseguir estar totalmente em imersão naquilo que está fazendo agora, menos sua mente vagará no passado (o que causa sentimentos de arrependimento, tristeza ou ira) ou no futuro (o que gera ansiedade, preocupação ou estresse). Mais ainda, sua produtividade, sua consciência e sua qualidade no trabalho aumentarão, porque é, sobretudo, pelo fato de a mente estar vagando que você se torna uma pessoa menos eficiente, eficaz e atenta. Outro benefício de se dedicar 100% à tarefa presente é o fato de que você não deixará brechas para arrependimentos, uma vez que é a ideia de que você poderia ou deveria ter feito um pouco mais que traz à tona esse tipo de sentimento. Fazer as coisas e viver a vida com a mente ancorada no presente têm tantos benefícios! É por essa razão que crianças pequenas são felizes, alegres, entusiasmadas e livres de estresse.

Para aqueles que não se lembram de quando eram pequenos: já pensou em como as crianças fazem isso? Elas adormecem em qualquer posição e têm aquele sono profundo e tranquilo, sem qualquer preocupação com o mundo. Você pode estar com muito cansaço e, ainda assim, ter dificuldade para dormir em sua cama confortável, por causa da preocupação, do estresse e das tarefas pendentes que parecem não deixar seus pensamentos. Sua mente continua agitada. Uma criança pequena acorda de manhã e está cheia de energia, sem necessitar de motivos para isso. Nós, por outro lado, precisamos primeiro de um café ou de um chá para começar o dia. Por quê? Porque, em alguma parte do caminho, aquele entusiasmo que costumava ser nossa natureza ficou obscurecido pelas preocupações, pelos desejos e pelo estresse. Quando éramos pequenos, nossa mente ainda não se tornara tão complicada e apegada ao passado e ao futuro. Para uma criança, a mente ainda está, naturalmente, no momento presente, e isso as permite fazer qualquer coisa por completo e aproveitar isso. Apenas observe quão intensamente uma criança pequena pode olhar algo: uma flor, um brinquedo, os próprios dedos. Você se surpreenderia com o tanto que podemos aprender apenas observando, atentamente, crianças pequenas.

A maioria de nós, porém, está no cenário oposto. Quando nossa mente está perturbada, não conseguimos aproveitar nada, ainda que a vida nos proporcione a comida mais saborosa ou a mais bela paisagem. A menos que aprendamos a relaxar nossa mente de novo e a nos reconectar à nossa verdadeira natureza, continuaremos gastando energia tentando encontrar paz e alegria, sem conseguir.

Então, você pode questionar: é errado lutar por satisfação profissional, por exemplo? Bem, tudo depende de como você encara o seu trabalho. Se, independentemente do que esteja fazendo, você consegue sentir satisfação, também sentirá no seu trabalho. A beleza está aí, e é algo que vale a pena alcançar. Por outro lado, se você fica mudando de emprego ou rejeitando oportunidades profissionais porque está esperando pelo trabalho dos sonhos, você não está sendo uma pessoa realista nem – sendo honesto – muito prática. Além disso, o objetivo do emprego é ganhar dinheiro e conseguir se manter, bem como prover aqueles que dependem de você financeiramente. Se é esse o caso, a remuneração precisa ser seu principal critério, não se o emprego é aquele dos sonhos. Se o principal objetivo do trabalho for aproveitá-lo ao máximo, então não será um emprego, mas um passatempo. Isso não significa que você tenha de ser infeliz, porque, como eu disse, é possível conseguir a satisfação real no trabalho. Mas a chave é que você já seja alguém satisfeito, independentemente do trabalho.

O mesmo se aplica, de muitas maneiras, aos relacionamentos. Você descobrirá que, quanto mais contente e feliz já estiver, mais conseguirá se entregar à relação, e mais o amor e o apoio à outra pessoa se tornarão incondicionais. Isso permite que o relacionamento flua. No entanto, se você estiver vindo de um espaço de necessidade, esperando que o relacionamento faça com que você se sinta uma pessoa feliz, em paz e amada, ou menos só, então haverá muita chance de essa relação ser desastrosa. Porque, como meu mestre disse lindamente uma vez, o ponto principal sobre o amor é que sua natureza é dar, não receber. Quanto mais você exigir amor, mais o destruirá, e isso vale para os relacionamentos. Ainda que se trate de um bom amigo ou de um parceiro, você descobrirá que, quanto mais eles cobrarem de você, do relacionamento, e, quanto mais lhe pedirem que prove ou demonstre sua amizade ou seu amor, de forma mais rápida o sentimento diminuirá. Ainda que você os tenha amado muito antes, o sentimento começará a ser minado, até você chegar ao ponto de perceber que a única forma de reconquistar a paz é sair dessa relação. Não é errado procurar por satisfação, amor, paz e felicidade verdadeiros; isso é natural e totalmente normal. Essa é a nossa verdadeira natureza e o que a vida vai continuar nos levando a fazer, até que a reconquistemos um dia. Mas, se pretendemos fazê-lo, precisamos saber para onde olhar.

Conheço uma história interessante que ouvi pela primeira vez durante um discurso proferido por meu mestre e que ilustra muito bem o nosso dilema. É um dos relatos divertidos do excêntrico filósofo sufi do século XIII Nasrudin e representa a situação difícil na qual nos encontramos até hoje. Eis a narrativa.

Era noite, quando um senhor que voltava para casa viu Nasrudin arrastando-se pela rua, mãos e joelhos no chão, indo freneticamente de um lado para o outro, sob a luz de uma lamparina. Ele parecia procurar por algo.

"Mulá,[1] o que está fazendo aqui fora uma hora dessas? Perdeu algo?", o senhor indagou.

"Sim, estou procurando minha chave, mas não consigo encontrá-la", Nasrudin respondeu, parecendo um pouco perturbado.

O homem compadeceu-se do mulá. "Deixe-me ajudá-lo", ele disse, ficando também de joelhos e começando a procurar a chave com o mulá. A procura levou algum tempo, e a chave não foi encontrada em lugar algum. Por fim, o homem levantou-se e, virando-se para o mulá, perguntou: "Onde exatamente você perdeu a chave? Tem certeza de que foi por aqui? Lembra-se de onde a deixou cair?".

"Ah, sim, lembro-me exatamente de onde perdi a chave", o mulá respondeu e, apontando para a própria casa, proclamou: "Eu a perdi lá dentro, em algum lugar".

Confuso, o senhor olhou para o mulá. Em seguida, levantou-se rapidamente e, irritado, perguntou: "Mas, então, por que você está procurando a chave na rua, do lado de fora?".

Com calma e como se fosse óbvio, o mulá respondeu: "Porque está muito escuro lá dentro. Estou procurando a chave aqui porque há mais luz".

Agora, antes de julgarmos o mulá, precisamos olhar nossa própria vida com atenção, porque muitos de nós não somos tão diferentes dele, ao menos não nesse quesito. Procuramos a chave para nossa alegria duradoura, nossa felicidade e nossa paz em muitos lugares, todos "fora" de nós. Na realidade, a chave para nossa paz e felicidade verdadeiras

---

[1] *Mullah*; na hierarquia islâmica xiita, figura que estuda ou ensina o *Alcorão*, o livro sagrado do Islã. (N. E.)

sempre esteve dentro de nós, e quando éramos crianças, ainda sabíamos como usá-la. Porém, em algum ponto do caminho, muitos de nós parecem tê-la perdido – ou, talvez, "trocado de lugar" seja o termo mais apropriado. Começamos a atrelar nossa felicidade a coisas, pessoas e condições externas a nós, fora do nosso controle. Agora, estamos procurando a chave freneticamente em todos os lugares, mudando de emprego, de relacionamentos, de casa e de destinos turísticos, sem lembrança de onde a perdemos em primeiro lugar.

Não repita o mesmo erro de Shweta, porque, igual a ela, você acabará sentindo ansiedade e desconforto em relação à vida por não saber se aquilo que imagina que lhe trará felicidade estará, finalmente, ao seu alcance, ou porque ficará com medo de perder o que já conquistou. Muitas pessoas têm vivido arrependidas com o passado, desconfortáveis com o presente e preocupadas com o futuro, perdendo a beleza que a vida tem a nos oferecer.

Venha, você já cansou de procurar, já escureceu, e está frio lá fora. Agora que você sabe onde perdeu a chave, é hora de começar a olhar para o lugar certo. Se você está com foco em reconquistar a paz interior, precisa começar a fazer essa viagem para dentro de si.

SUTRAS DE SABEDORIA

- Quando sua mente está, por completo, no momento presente, ela está naturalmente feliz.
- A felicidade real e duradoura só pode ser encontrada dentro de você, nunca fora.
- Saiba que, toda vez que você pensar que algo ou alguém fará você feliz no futuro, na verdade isso adiará sua felicidade.

DEZ MINUTOS DE EXERCÍCIO

Escolha qualquer uma de suas atividades cotidianas, mas, desta vez, realize-a como se fosse a primeira vez.

Entregue-se totalmente a ela, como se nunca a tivesse feito antes.

Envolva a mente também – não a deixe ir para outro lugar; não faça várias tarefas. Não a deixe ir para o passado nem para o futuro. A atividade pode ser lavar a louça, tomar banho, varrer o chão, preparar um sanduíche ou arrumar a cama. Sempre que a mente desviar a atenção, traga-a de volta para o que está fazendo e o faça do modo mais perfeito possível. Esqueça todas as vezes que você já realizou essa tarefa na vida, assim como tudo o que acha que sabe sobre ela. Esqueça se ela é importante ou não, o que ganharia com ela ou como ela poderia beneficiar você. Apenas faça e dedique a isso total atenção, envolvendo a mente por completo no processo. Você descobrirá que, quanto mais conseguir fazer isso, mais começará a aproveitar. Você começará a se sentir com maior tranquilidade e feliz.

Era assim que você costumava fazer quando era criança, lembra-se? Costumava pegar uma colher com total atenção e apenas observá-la suspensa na mão. Tudo era um jogo, e você o jogava com entusiasmo, sem se preocupar com o resultado. E você era feliz!

ENCONTRANDO A PAZ INTERIOR

"Mary, você pode cuidar do balcão de informações por meia hora? Vou almoçar."

Mary assentiu, sorrindo para mim. "Aproveite!"

Saindo do grande prédio da biblioteca pública, fui recebido por uma brisa suave e quente, que trazia no ar o aroma das delícias que estavam sendo servidas nos vários restaurantes dos arredores. Nos Países Baixos, os dias em que você pode sair confortavelmente sem um suéter ou um casaco são raros, e por isso ainda mais agradáveis.

A biblioteca pública na qual eu estava trabalhando para ganhar um dinheiro extra, antes de entrar na universidade, ficava no coração de Haarlem e era cercada pelos principais centros comerciais. Dando as boas-vindas ao sol de verão, caminhei em direção à praça pública, onde muitas pessoas desfrutavam das refeições servidas por bistrôs e lanchonetes. Caminhei até uma pequena padaria turca e fui recepcionado por um homem gentil, que já sabia o que eu ia pedir.

"Duas baguetes turcas frescas e um pão recheado com queijo feta e espinafre?", ele perguntou, com um sorriso no rosto. "Sim, por favor, o de sempre", respondi. Eu ia àquele lugar todos os dias para comprar "o de sempre" para o almoço – era fresco, delicioso, saudável e acessível, então por que mexer em time que está ganhando?

"Aqui está. Você me deve apenas 2 euros, OK?"

"Não, não, você não precisa me dar desconto! Já é bem barato", contestei. O senhor sorriu. "Por favor, apenas aceite. Para nós, é bom ter alguém que venha aqui todos os dias, sorria e prestigie o nosso trabalho." Relutante, concordei em pagar o valor com desconto, mas apreciei aquele gesto sincero.

Na volta para a biblioteca, eu podia sentir o cheiro de pão fresquinho no pacote que estava carregando. O pão ainda estava morno, crocante por fora, e deveria estar macio por dentro. Saído do forno! Apertei o passo e, após entrar no prédio, fui direto para a área reservada aos funcionários, no andar superior. Enchi uma caneca grande com chocolate quente, da máquina de café, e estava, agora, naquele que seria o meu lugar preferido nos dias de verão – uma poltrona no terraço.

Sentado lá, ao sol, com a brisa ocasional trazendo gentilmente os sons e as fragrâncias do centro da cidade abaixo, a vida era perfeita por um momento. Fechei os olhos, abocanhando outro pedaço do pão fresquinho da padaria, degustando-o de verdade, e senti um contentamento profundo e uma paz percorrerem meu corpo e minha mente. Abrindo devagar os olhos de novo, olhei as milhares de pessoas andando pelos becos lá embaixo, comprando, comendo e bebendo tantas coisas, e isso me fez pensar. Por que achamos que precisamos de tantas coisas? Vivemos correndo, achando que algum dia teremos tudo que nos fará felizes, mas isso acontece?

Dei mais uma mordida naquele pão fresco e delicioso, que dispensava outro item qualquer: manteiga, queijo, geleia. Quando um simples pedaço de pão, uma caneca de chocolate quente e o sol no rosto podiam trazer tanta felicidade e paz, por que eu precisaria correr atrás de tantas outras coisas? Qual era a necessidade? E isso me impressionou – quanto menos você precisa, mais livre se torna. Não em algum momento futuro, mas exatamente agora.

DEUS, OU O UNIVERSO, DEVE TER UM GRANDE SENSO DE HUMOR, UMA VEZ QUE TENTAR ENCONTRAR "A FELICIDADE VERDADEIRA" TEM SIDO PARA MUITOS, PROVAVELMENTE, UMA EMPREITADA DAS MAIS FRUSTRANTES. Milhões de pessoas no mundo todo têm se autoimposto vários tipos de provação, como escalar picos cobertos de neve, matricular-se na aula de ioga em um retiro zen-budista ou fazer sauna e, talvez, até experimentar drogas, tudo na tentativa de encontrar o que Po, de *Kung Fu Panda*, conseguiu em uma hora e meia: a paz interior. E é aí que muitos cometem o primeiro erro, porque, no instante em que você deixa sua casa para procurar a chave que deixou na mesa de jantar, as chances de encontrá-la já se reduziram drasticamente.

Claro que, atualmente, encontrar ou recuperar a paz interior tornou-se um assunto em alta, muito mais do que cinquenta ou cem anos atrás. Mas talvez isso aconteça porque temos nos afastado desse objetivo. Não é novidade que as pessoas procuram por paz e felicidade – elas têm feito isso há milênios. No entanto, parece que esse nosso modelo de vida moderna está, de algum modo, nos afastando desse objetivo. Você já reparou quantas gerações mais velhas (de nossos avós, por exemplo) costumavam ter calma? Quando observo meus avós neerlandeses, ou outra pessoa mais velha que conheci em minhas viagens à Índia e a outras partes do mundo, eu geralmente percebo um tipo de calma, paz e simplicidade raro nas gerações mais novas. As pessoas até costumavam brincar dizendo que tudo de que precisavam era de um sanduíche no almoço, um bom livro e uma xícara de café com bolo no fim da tarde para mantê-las felizes e satisfeitas. Se você pensar a respeito, são as mesmas paz e satisfação pelas quais estamos procurando e que não conseguimos obter mesmo com toda essa tecnologia disponível e viagens ao redor do mundo. Em nossos esforços para atingir patamares mais altos de felicidade e paz, temos nos tornado tão insatisfeitos com a vida e nos distanciado tanto da nossa natureza que, hoje, ouvimos uma criança de 9 anos confidenciar que está deprimida. Uma criança de 9 anos!

É quase como se o fato de a vida estar andando em um ritmo mais rápido e se tornando cada vez mais agitada também estivesse nos deixando mais conscientes da necessidade de irmos mais devagar e olharmos para dentro de nós. Em um passado recente (algo em torno de cinquenta anos atrás), a ioga era rejeitada por muitos no Ocidente e em várias outras partes do mundo, além de associada a uns indivíduos quase sem roupa que preferiam uma cama de pregos a um sofá confortável. Hoje, porém, vemos pessoas bem-sucedidas em cargos de liderança e grandes personalidades ostentando orgulhosamente suas práticas de ioga, com ainda menos roupa do que os iogues de outrora!

Qualquer propaganda que tente lhe vender um produto ou serviço, querendo convencer de que você não está comprando apenas o produto mas também seu relaxamento, sua paz interior e sua realização tão necessários, provavelmente vai mostrar alguém sentado em postura meditativa, transparecendo uma calma que poderia causar inveja até a Buda, se ele não fosse iluminado.

E, mesmo assim, raramente diminuímos o ritmo o bastante para pararmos por um momento, olharmos nossa vida e questionarmos o porquê de esse verdadeiro senso de paz e felicidade continuar escapando de nós. Estamos sempre com tanta pressa para alcançarmos nossas metas que continuamos correndo, pelo menos mentalmente. Quando foi a última vez que você fez uma refeição e manteve a atenção apenas no que estava comendo e em seu sabor? É preciso ter muito cuidado para que, no esforço de alcançar a felicidade duradoura ou a liberdade verdadeira no futuro, o indivíduo não estrague o presente, transformando cada atividade em outro item na lista de afazeres, não deixando tempo para ser feliz de verdade ou aproveitar as coisas agora mesmo.

Você está comendo, mas também está conversando, ou planejando o restante do dia, ou respondendo às mensagens pendentes no celular, ou assistindo às notícias na TV. É por isso que, quando percebe que devorou um prato inteiro de comida, você se pergunta por que ainda está com fome ou, ao menos, com a sensação de que poderia comer mais. Então, você procura alguns petiscos ou alguma sobremesa, sem perceber que a falta de saciedade não vem do fato de não ter comido o suficiente, mas de, na realidade, não ter degustado e apreciado a comida.

O mesmo princípio pode se aplicar a qualquer outro aspecto de nossa vida. No entusiasmo em realizar várias tarefas ao mesmo tempo, tentamos ser multitarefas também com nosso relaxamento, nosso prazer e nossa paz, e isso não funciona. Lembro-me de uma história interessante que ouvi muitos anos atrás de meu mestre, quando ele nos ensinou sobre esse princípio.

Havia um rei bastante espiritualizado, e seus súditos viviam sob um governo justo. Um dia, o rei ouviu falar de um homem sagrado que morava nas montanhas, em algum lugar do reino. Quem fora visitar o santo experimentara tamanhas paz e alegria em sua companhia e fora tão tocado por sua presença que a notícia se espalhou rapidamente. Ciente disso, o rei pediu a um de seus ministros que fosse até a montanha e descobrisse o que havia de tão especial nesse santo, quais técnicas praticava, qual rotina diária seguia e como passava o tempo. O rei já havia conhecido muitos homens sagrados e estava curioso para saber mais sobre aquele santo, a quem o povo descrevera como a personificação da paz e do contentamento. Afinal, até mesmo reis desejavam alcançar tal estado, que até então estava fora de seu alcance.

O ministro foi para as montanhas e, após ir em direção a uma vila próxima, finalmente encontrou a morada do homem sagrado. Ele decidiu ficar observando o homem em silêncio, escondido a certa distância, para que pudesse dar um parecer apropriado ao rei. Alguns dias se passaram, até que o ministro decidiu retornar ao palácio. Quando questionado pelo rei sobre o homem sagrado, não havia muito que pudesse dizer.

"Vossa alteza, observei o santo secretamente por três dias e três noites, mas não consegui ver nada especial nele, em absoluto."

"Não é possível! Você não deve ter prestado muita atenção", o rei respondeu.

"Não, meu rei, estou dizendo a verdade. Não tirei os olhos dele nem por um instante. Tudo o que ele fez foi se levantar de manhã, tomar banho, tomar o desjejum, cuidar do jardim por um tempo, almoçar, descansar um pouco, sair para uma caminhada pela tarde ou atender algum visitante, jantar, sentar-se do lado de fora por um tempo e, então, dormir. Foi a mesma coisa no dia seguinte."

O rei percebeu que o sábio ministro devia estar falando a verdade, mas não se deu por satisfeito. Ele vinha fazendo várias práticas espirituais havia muitos anos e, ainda assim, não alcançara o profundo estado de paz. Deveria haver uma técnica especial que o santo descobrira que lhe permitia alcançar esse estado sagrado. O rei, então, decidiu ir ele mesmo visitar o santo, para aprender seu segredo. Providências foram tomadas, e ele deixou o palácio na manhã seguinte.

Chegando à morada do homem sagrado, o rei também se escondeu para, em silêncio, observar o santo. Ao perceber que as coisas aconteciam como o ministro descrevera, ele finalmente decidiu se aproximar do santo e pedir-lhe que compartilhasse seus segredos com ele. O rei foi recebido calorosamente pelo santo, e lhe foi oferecida uma cadeira confortável para se sentar. Desculpando-se pela modesta habitação, o santo ofereceu ao rei um pouco de chá feito com ervas de seu jardim, e, um instante depois, ambos estavam sentados em frente à cabana do santo tomando chá.

Uma vez na presença do santo, o rei não pôde deixar de notar a paz e a tranquilidade que ele irradiava. O sorriso gentil em sua face comprovava sua alegria e sua satisfação abundantes. O rei colocou a xícara de lado e, respeitosamente, perguntou ao santo:

"Grande Alma, por favor, perdoe-me por ser direto, mas eu poderia lhe fazer uma pergunta pessoal?"

"Claro! Não tenho nada a esconder nem de que me envergonhar. Por favor, pergunte", o homem sagrado respondeu, com expressão bondosa.

"Peço desculpas. Observei-o por algum tempo antes de me apresentar, em um esforço de descobrir quais práticas especiais você segue que lhe permitem obter um estado tão elevado. Mas não consegui perceber nada além do habitual. Agora, sentado aqui, falando com você, ainda não consegui descobrir. Você poderia me dizer quais técnicas ou práticas especiais lhe permitem ser tão livre, tão satisfeito e tão em paz? Aparentemente, não há diferença entre o que você e eu fazemos, e, mesmo assim, essa paz profunda ainda me escapa."

O santo colocou com cuidado sua xícara de chá na pequena mesa e, olhando para o rei com muita compaixão, começou a falar devagar: "Meu caro rei, você não observou com atenção. Há uma enorme diferença entre o que eu faço e o que você faz, e aí mora o segredo". E continuou: "Mas, como você me perguntou com toda a sinceridade, vou lhe explicar. Quando eu faço o meu trabalho, eu faço o meu trabalho; quando almoço, almoço. E, quando bebo chá, bebo chá". Observando a expressão confusa do rei, o santo continuou, com um sorriso: "No entanto, rei, quando você trabalha, também está pensando no passado, fazendo planos e preocupando-se com o futuro. Quando almoça, também está pensando nos assuntos do reino e nas decisões que ainda precisa tomar. E, quando toma o seu chá, você não o está tomando; está ocupado com outras coisas. Compreende?".

O rei assentiu, percebendo que ainda tinha uma longa caminhada pela frente. E, enquanto pensava em como poderia, de alguma forma, fazer disso uma prática diária, o santo sorriu – estava apenas tomando e apreciando seu chá.

Nos capítulos anteriores, vimos como todos os sinais apontam para dentro de nós, e como as coisas que perseguimos não são nada além de promessas, não a felicidade real. Vimos que, toda vez que sentimos felicidade, paz ou alegria, é porque, por um momento, a mente voltou-se para nosso interior e está experimentando nossa verdadeira natureza. E vimos que todos nós já vivenciamos esse estado com livre acesso em outra época, pelo menos em nossa infância. Encontrar ou alcançar a paz interior é, portanto, um processo de percepção e desaceleração, não de ganho. Quando parar de perseguir todas as coisas que você se prometeu que faria, vai se sentir mais confortável e perceberá que já está no lugar que deseja alcançar. Paz verdadeira e felicidade são nossa natureza; você não tem como perdê-las. Você pode não conseguir percebê-las ou experimentá-las por causa da névoa e da confusão que as cobriram, mas elas nunca estiveram perdidas de verdade. Dessa forma, somos iguais a um átomo: o centro (ou núcleo) é positivo, e qualquer estresse ou negatividade (os elétrons) estão presentes apenas ao redor – apenas na superfície.

Qualquer psicólogo que diga que no íntimo de uma pessoa há tristeza, raiva ou ressentimento não foi fundo o bastante. Está trabalhando em nível superficial. Quando você mergulhar mais profundamente, descobrirá que há apenas alegria, paz e entusiasmo dentro de nós. O que precisa fazer é apenas retirar a poeira do diamante que você é. Um diamante pode ficar sujo, coberto de lama, mas nunca deixará de ser um diamante; pode ter estado em uma gruta por séculos, mas, no instante em que você o limpar, ele brilhará tanto quanto antes. Retirar a poeira, limpar as teias de aranha e abrir as janelas para deixar o ar fresco entrar, isso é meditação. Eu diria, portanto, que a meditação não ajuda você a conquistar paz ou felicidade; ao contrário, ela ajuda a recuperá-la ou dar acesso ao que já estava dentro de você.

Nossa mente fica envolvida com impressões, conceitos, expectativas, desejos e aversões porque se liga a eles sem qualquer esforço, e não aprendemos a como nos livrar deles. Quando crianças, isso não era, ainda, um problema; no entanto, com o amadurecimento da mente e do intelecto, vem a necessidade de saber desapegar de determinadas experiências, porque começamos a nos agarrar a elas.

Meditar é ensinar a mente a desapegar e a ancorar-se no momento presente, sem esforço. Quanto mais você conseguir deixar de lado as impressões passadas e as preocupações futuras e focar o que está acontecendo neste exato momento, mais começará a experimentar a verdadeira paz, que é a sua natureza – a paz interior. Esse estado pode ser acessado a qualquer hora, independentemente da situação ao redor, e é isso que faz a busca valer a pena.

Meditação é descansar a mente de maneira profunda, permitindo que ela encontre seu centro, recarregue-se e rejuvenesça. Pelo fato de a nossa mente estar superexposta a muitas impressões, no esforço para obter um pouco de alívio nós a expomos a ainda mais impressões. Isso acontece porque não aprendemos a descansar a mente de fato. É como não saber desligar o rádio que estamos cansados de ouvir: para não precisar mais ouvi-lo, ligamos a TV em um volume mais alto.

Para relaxar, você faz coisas diferentes para fugir daquela voz constante em sua cabeça (preocupações, planos e desejos), e nem isso recarrega sua mente ou traz alívio. Apenas a distrai – seja assistindo à TV, seja ouvindo música, seja jogando no computador, seja bebendo, seja tentando manter a mente ocupada com qualquer outra coisa para não ter de se preocupar com nada por um tempo. Isso, na realidade, não dá à mente descanso ou alívio duradouros. Não mesmo. Ela acaba em um estado de tamanha agitação que, até durante o sono, não se acalma por completo. A qualidade do sono cai, e você acaba tendo tantos sonhos e pensamentos durante a noite que, ao acordar, parece que não descansou, mesmo que tenha ficado na cama por oito horas. Muita gente precisa de uma música animada, de uma xícara de café, chá, ou alguma outra bebida estimulante, para conseguir iniciar o dia. Mas não foi sempre assim, lembra-se?

Quando criança, você dormia profundamente e acordava com tanto ânimo que já pulava da cama para começar a brincar de novo. Aqui, uma das principais chaves é a habilidade de desapegar. Porque, quando uma criança vai dormir, ela se entrega por completo, desapega-se de tudo. A habilidade de deixar as coisas de lado é uma qualidade que vem com o desapego, e no mundo de hoje precisamos, mais do que nunca, cultivar um pouco de desapego para equilibrar toda a paixão que vem sendo incentivada. Uma vez, meu mestre me disse algo belo: "A paixão é como inspirar; o desapego, como expirar; é deixar de lado. Na vida, você precisa dos dois para seguir em frente".

Desapegar é a habilidade de largar tudo por um momento, e todos nós temos essa habilidade até certo ponto, porque de outro modo não conseguiríamos de forma alguma dormir todas as noites. É um estado de não desejar algo neste mundo ou no próximo, pelo menos por um instante. Se você não "desapegar" do que quer que esteja acontecendo em sua vida, não conseguirá dormir à noite. Mas fazer isso de maneira consciente lhe possibilita dar o verdadeiro descanso à sua mente – um descanso ainda maior do que dormir. E isso é meditação.

Sem desapegar, a paixão se transformará em depressão. Infelizmente, é o que vemos com tanta frequência nos dias de hoje. A depressão é, de certa forma, o resultado de não saber desapegar – das experiências, dos pensamentos, das situações e dos desejos. Mesmo o trauma é, de certo modo, um estado no qual você não consegue desapegar de uma experiência. Olhando por esse lado, muitos de nós estamos "traumatizados" de alguma forma, porque determinados acontecimentos nos incomodam tanto que precisamos, muitas vezes, de medicação ou terapia para dormir adequadamente à noite e, assim, relaxar e lidar com as situações que a vida nos apresenta. A paixão excessiva vem sendo estimulada em nós há muitos anos, dando espaço a muitos desejos, esperanças, sonhos e conceitos, mas ainda não aprendemos a abandonar isso e a retomar nosso eixo. E, se a paixão e o desapego não andam juntos, abre-se espaço para inúmeros dos problemas que estamos enfrentando, como estresse, ansiedade, depressão ou frustração. Desapegar é parar por um instante e desviar a atenção do que não está lá (ou do que ainda falta) para o que já está lá e saber que você tem tudo de que precisa neste momento. Está tudo certo com o que quer que esteja lá neste momento, mesmo que seja imperfeito. São nesses momentos que você experimenta o descanso, a paz e a felicidade verdadeiros.

Do contrário, mesmo quando você estiver feliz por um instante, a mente começará a acelerar, e você começará a desejar a próxima coisa ou a se preocupar em querer se sentir feliz para sempre. Só quando você deixa esse desejo de querer se sentir feliz e em paz "o tempo todo" que consegue, de fato, ser feliz e estar em paz. Caso contrário, o desejo de se sentir assim permanentemente se torna outro estresse, outra preocupação.

É claro que o desapego, às vezes, também vem até nós sem esforço de nossa parte, quando percebemos a impermanência das coisas. Em tempos idos, isso era denominado *Smashana Vairagya*.[1*]

Conheço pessoas que passaram por uma mudança radical na forma de ver ou de viver a vida depois de terem sido subitamente expostas à morte de um ente próximo; de sobreviverem a um acidente ou a um problema de saúde que poderia ter sido fatal; de compreenderem que seu tempo de vida era limitado. Isso lhes abriu os olhos para a verdade da impermanência de nossa vida, fazendo com que, de uma hora para outra, começassem a apreciar o que era realmente importante para elas, não as pequenas preocupações cotidianas.

---

[1] *Segundo a organização internacional Arte de Viver, fundada por Gurudev Sri Sri Ravi Shankar, *Smashana* (cemitério) *Vairagya* (desapaixonamento) consiste em um tipo de desapaixonamento que experimentamos quando estamos perturbados ("Eu não quero nada, chega de sofrimento"). Diferencia-se de *Gyana* (conhecimento) *Vairagya*, pois este é o desapaixonamento no qual se diz, conscientemente, "Eu não quero nada. Eu tenho o suficiente" (contentamento). Disponível em: https://www.artofliving.org/br-pt/natureza-da-mente. Acesso em: 18 maio 2023. (N. E.)

Lembro-me de ter ouvido uma história interessante sobre essa verdade.

Certa vez, um senhor conseguiu reunir toda a sua coragem e se aproximou de seu mestre espiritual para lhe perguntar algo que rondava sua mente fazia anos. "Mestre, gostaria de lhe perguntar uma coisa, mas, por favor, prometa-me que me responderá francamente."

O santo sorriu e, parecendo um pouco surpreso com a condição incomum imposta à pergunta, respondeu: "Claro. Não tenho sido sempre verdadeiro? Não tenho nada a esconder. Por favor, pergunte".

O homem, ouvindo as palavras de encorajamento do mestre, decidiu ir adiante: "Você nunca teve pensamentos de ira, frustração, ciúme, luxúria ou ganância? Por favor, diga-me honestamente, mestre, como você lida com isso".

O mestre olhou o homem nos olhos por um momento e, então, sorriu. "Darei sua resposta, como prometi, mas no domingo. Tudo bem?"

Por ter esperado por anos para finalmente fazer seu questionamento, o homem decidiu que alguns dias a mais não fariam diferença e concordou. No dia seguinte, ele foi, mais uma vez, ao Ashram do santo para participar do discurso vespertino diário. Ao final da programação, contudo, o santo dirigiu-se rapidamente até o homem e, com gentileza, puxou-o de canto e falou com certa urgência na voz: "Estou contente que tenha vindo hoje. Há algo importante que preciso lhe contar".

Perplexo, o homem pensou no que poderia ser tão urgente, uma vez que seu mestre nunca falara com ele daquela forma.

"Em minha meditação desta manhã, minha intuição me mostrou que você deixará seu corpo amanhã de manhã, às seis horas. Senti que deveria lhe contar o quanto antes, assim, pelo menos, você terá algum tempo para se preparar."

Sem acreditar, o homem olhou o santo nos olhos, mas então percebeu que o mestre nunca dissera uma mentira nem nunca compartilhara com ninguém algo sobre o futuro que não tivesse acontecido. Chocado com a notícia que acabara de receber, ele foi rapidamente para casa e, após pensar muito, decidiu que deveria fazer melhor uso do tempo que lhe restava.

Depois de redigir seu testamento e seus desejos finais, comunicou o ocorrido à família e aos amigos próximos, os quais ficaram arrasados com a notícia. Sentado em meio a todos eles, alguns chorando, alguns cabisbaixos, o homem decidiu que não era assim que gostaria de passar seus momentos finais. Em vez disso, preferia passar contando piadas e relembrando os bons momentos vividos juntos. E foi o que fizeram. Após passarem mais algum tempo assim, o homem pediu a todos que o deixassem, pois gostaria de ficar algum período sozinho, também. Amigos e familiares voltariam todos pela manhã, para vê-lo durante seus instantes finais.

Sozinho, o homem pensou no que o futuro poderia reservar depois de ele deixar o corpo. Percebeu que, se realmente existissem céu e inferno, preferia ir para o céu; percebeu também que preferia prevenir a remediar. Assim, pegou o telefone e começou a ligar para as pessoas com quem tinha se desentendido e para aquelas com quem achava que havia falhado. Desculpar-se e fazer as pazes com todas elas o fizeram se sentir em paz, pois pelo menos ele havia feito tudo o que estava ao seu alcance.

Não vendo sentido em dormir em suas últimas horas na Terra, o homem decidiu passar o restante do que sobrara da noite ouvindo sua música favorita. Assim que a manhã chegou, seus amigos e familiares começaram a chegar outra vez.

Quando o relógio mostrou 5h30, ele se deitou na cama, pronto para receber a Morte. Contudo, às 5h45, a campainha tocou de repente, e, quando um de seus primos abriu a porta, todos ficaram surpresos ao ver a figura santa do mestre. É considerada uma grande bênção alguém ter o mestre ao seu lado, ao deixar o corpo. Como se diz, isso significa que você será liberado ou, ao menos, irá para o melhor lugar possível após a morte!

"Mestre, é tão compassivo de sua parte vir até aqui e ficar com seu discípulo em seu momento final. Por favor, sente-se", disse o primo.

"Obrigado", o santo respondeu e, sentado ao lado da cama em que o homem estava deitado, olhou para ele. "Minha querida criança, preciso lhe fazer uma confissão. Cometi um erro com você."

Antes que o santo pudesse continuar, o homem o interrompeu: "Por favor, isso não importa agora. Encontrei a paz com todos e estou me sentindo muito feliz e tranquilo neste exato momento. Não quero saber. Se o que for me dizer puder trazer algum sentimento negativo novamente, prefiro morrer em paz. Estou feliz".

O santo sorriu e, com uma expressão travessa, falou ao homem: "Mas é esse o ponto: você não vai morrer!".

Por um instante, o homem pareceu confuso. Então, sentando-se na cama, olhou para o santo e perguntou: "O que está querendo me dizer?".

"Meu caro, inventei a história sobre a intuição que tive na meditação. Você não vai morrer – pelo menos, não tão cedo!"

O homem não tinha certeza do que dizer, uma vez que tudo aquilo era muito confuso.

O santo prosseguiu: "Mas me diga uma coisa: durante o último dia, você teve algum pensamento de ira, luxúria, ganância ou ciúme?".

De repente, todas as peças do quebra-cabeça se encaixaram, e o homem olhou para o santo. "Nem por um instante, mestre. Achei que fosse morrer. Onde haveria tempo para ficar irritado com alguém ou chateado com algo? Não fazia sentido perder tempo e energia com isso; todas essas coisas eram insignificantes demais."

Sorrindo, o santo disse: "Agora você tem a resposta para a sua pergunta? Vivo a vida como se cada instante fosse o último".

Todos sabemos que vamos morrer um dia, mas nunca percebemos realmente o que isso significa até o dia em que ficamos cara a cara com a realidade desse fato, o qual, quando acontece, nos modifica. Até então, vivemos como se fôssemos eternos, procrastinando a maioria das coisas importantes, pensando em fazer isso ou aquilo algum dia, distraindo-nos com pequenas coisas. Esquecemo-nos de que o fim pode chegar a qualquer hora, e geralmente sem aviso prévio!

No entanto, quando percebemos que nosso tempo é limitado (sejam dez dias, dez anos ou cinquenta anos), achamos, de repente, que todos os problemas e todas as questões que tomaram tanto do nosso tempo e da nossa energia são tão insignificantes que nem sequer nos preocupamos em pensar nisso. Esse lembrete, portanto, pode nos ajudar a voltar para o que realmente nos importa e para como queremos passar nossos dias. Isso pode nos ajudar a nos tornar mais conscientes do fato de que o presente é muito mais valioso do que o futuro e, ao mesmo tempo, a deixar para trás muitas preocupações desnecessárias, ira, dor e ciúme, sabendo que tanto nós como aqueles de quem não gostamos vão morrer um dia. Então, aqui, o conhecimento ou a consciência do inevitável não é algo que assusta, deprime ou sufoca; é algo que realmente torna você uma pessoa viva e livre. De uma hora para outra, começamos a fazer as coisas importantes para nós, de verdade – de repente, começamos a viver a vida verdadeiramente. E isso nos liberta de muitas coisas que roubam nossa paz e nossa felicidade.

Muitas pessoas continuam vivendo a vida esperando encontrar, um dia, a paz interior, a felicidade verdadeira e a liberdade real que lhes têm escapado até agora. Contudo, fazer as mesmas coisas e esperar por resultados diferentes é a definição clássica de insanidade. Para alcançar um resultado distinto, você precisa fazer algo diferente. A paz e a liberdade só podem ser encontradas dentro de você, e a meditação nos ajuda a acalmar a mente para que possamos experimentar essas camadas mais profundas de nossa existência, que estão além. E aqui o desapego é uma habilidade importante e essencial a desenvolver. É a habilidade de trazer a mente, que está o tempo todo se voltando para o lado exterior, correndo atrás de tantas coisas, para o lado interior, fazendo-a voltar à fonte. É conseguir se sentir confortável com o que está acontecendo neste exato momento e saber que você tem tudo de que precisa para ser feliz e sentir tranquilidade. Quando você sente, de fato, que não necessita de nada neste exato momento, a mente começa a sossegar imediatamente e a se aproximar de sua verdadeira natureza. É sentir-se confortável com você, com a vida e com o mundo, mesmo que apenas por este momento.

Muitas vezes me perguntam: "Como você consegue se sentir tão confortável, tão tranquilo, com apenas uma mala, mudando de um lugar para o outro em poucos dias? Você não queria um lugar seu? Não precisa economizar? O que você vai fazer quando ficar mais velho? E se não estiver confortável? Às vezes, você não queria ter um tempo de folga, passear em um feriado ou ir para algum outro lugar? Deve ser muito difícil". Agora, como explicar às pessoas que é exatamente o oposto? Como posso explicar que, quanto menos você se preocupa, mais feliz e mais confortável se sente? Essa habilidade de se sentir confortável onde estiver, de viver de maneira consciente, mas sem preocupações, e ser feliz com bem pouco está disponível a todos nós. Você não tem ideia de quão bela a vida pode ser. Pequenas alegrias tornam-se grandes. A verdadeira paz interior é tão sólida porque não depende de nada fora de você. E é isso que o desapego pode trazer à sua vida. Desapegar não significa que você não pode aproveitar nada; ao contrário, o desapego lhe permite aproveitar tudo. Pode trazer uma bela mudança em sua vida, na qual você não precise fazer nada esperando que determinada coisa o faça feliz, mas, em vez disso, pode fazer as coisas com alegria. Como meu mestre costuma dizer lindamente, é aí que você para de viver a vida perseguindo a felicidade e, em vez disso, começa a vivê-la como uma expressão de felicidade.

Uma das mentes mais brilhantes e um dos maiores santos e filósofos da Índia, Adi Shankaracharya disse de modo belo muitos séculos atrás, na famosa canção "Bhaja Govindam": *Kasya sukham na karoti viraga*, que significa "a quem o desapego não traz felicidade?". Em geral, o desapego é confundido com um estado de apatia, inércia ou falta de alegria. É o oposto. O desapego verdadeiro proporcionará tanto dinamismo, tanta felicidade, tanta alegria e tanta liberdade que nada poderá tirar isso de você – exatamente porque não depende de nada; ao menos, nada que esteja fora de você. E a meditação é a prática que lhe leva ao lugar dentro de si onde isso pode ser encontrado.

SUTRAS DE SABEDORIA

- Quanto menos você precisar, menos terá condicionado sua felicidade.
- Você precisa de uma razão para ser infeliz, não de uma razão para ser feliz. A felicidade é a sua natureza.
- A verdadeira liberdade está em deixar de viver a vida perseguindo a felicidade para vivê-la como uma expressão de felicidade.

DEZ MINUTOS DE EXERCÍCIO

Sente-se em silêncio e feche os olhos por um instante. Pense em todas as coisas que você precisa fazer. Em tudo aquilo que você quer ou está tentando fazer e tem tomado boa parte de seu tempo e de sua energia, hoje e nos próximos dias e semanas.

Abra os olhos e faça uma lista desses afazeres. Escreva tudo o que lhe veio à mente e continue incluindo tarefas à lista, até que você não consiga pensar em mais nada preocupante em relação àquilo que precisa ou está tentando terminar nos próximos dias ou semanas. Escreva também tudo aquilo que está incomodando você neste momento ou algo que lhe esteja preocupando. Pode ser um mal-entendido com um amigo ou parente, a insegurança de não saber se conseguirá uma boa avaliação no trabalho, ou qualquer outra coisa.

Agora, pegue outra folha ou acrescente uma coluna à folha atual. Você fará uma outra lista, diferente da primeira.

Imagine, por um instante, que você tenha apenas uma semana de vida. Pense nas coisas que gostaria de fazer ou concluir nesse meio-tempo. Escreva tudo na outra folha ou na coluna acrescentada à primeira lista.

Compare as duas listas elaboradas. Quanto mais semelhantes elas forem, mais perto você estará de viver verdadeiramente a vida. Quanto tempo você tem para fazer as coisas realmente importantes de que gostaria? E quanto tempo gasta com coisas aparentemente urgentes, mas que, na realidade, não têm importância alguma? Quanto tempo você gasta se preocupando com coisas que não valem seu tempo nem sua energia? Sabendo disso, que tal você deixar algumas coisas de lado e despender um pouco mais de tempo fazendo aquilo que é, de fato, importante?

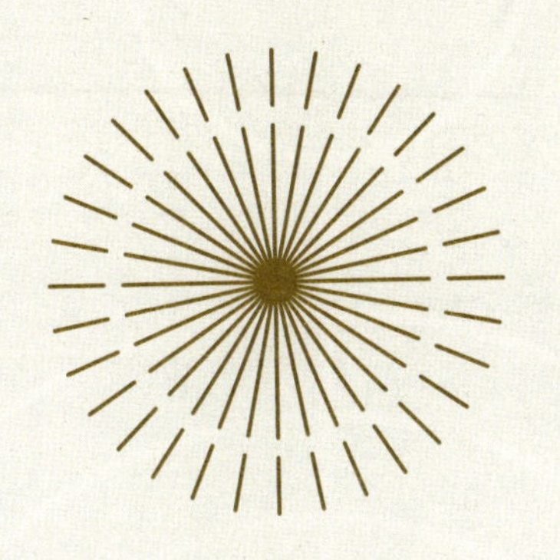

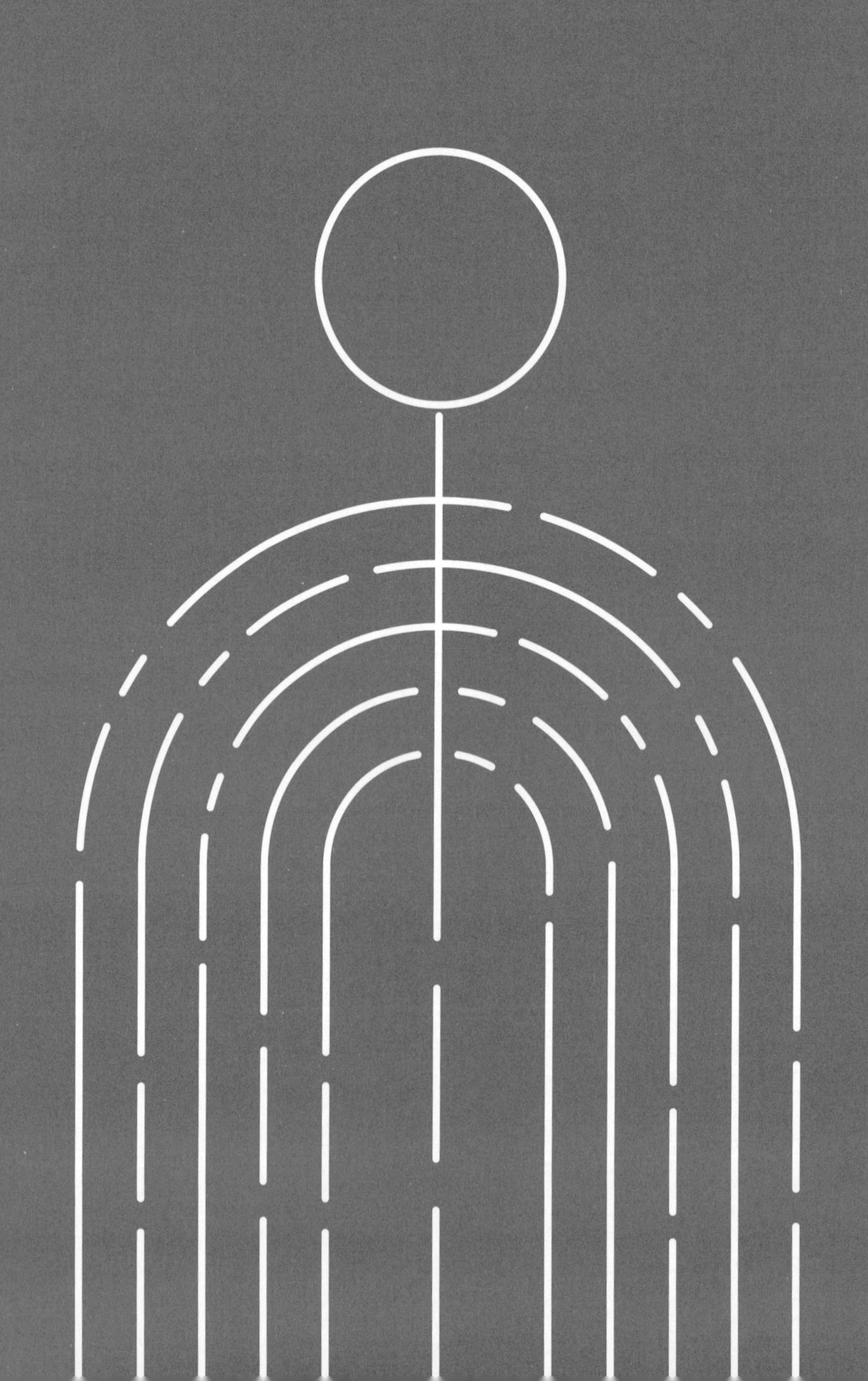

MEDITAÇÃO: ATENÇÃO PLENA... OU O VAZIO?

Depois de viajar por algumas horas, finalmente chegamos ao nosso destino: um belo complexo no interior dos Países Baixos. Havia conseguido convencer alguns amigos a irem comigo para um retiro de quatro dias no qual aprenderíamos controle mental, técnicas de respiração e meditação. Era o primeiro evento para jovens, no país, realizado pela organização fundada por Gurudev Sri Sri Ravi Shankar.

Eu vinha praticando artes marciais fazia alguns anos, e nossas aulas de judô, aikido e ninpo bujutsu geralmente começavam com alguns momentos de respiração profunda e de acalmar a mente. Mas eu queria explorar mais essas práticas. Às vezes, em meu quarto, sentava diante da grande estátua de Buda que meu tio trouxera de uma de suas viagens à Índia. Observava a postura perfeita e a expressão serena no rosto de Buda e fazia uma parecida, mas que não exigisse tanta flexibilidade quanto a do antigo iogue. Fechava os olhos e tentava não pensar em nada. O problema é que, como já sabemos, isso não é tão simples. E os livros que eu tinha lido sobre zen e meditação só haviam piorado as coisas. Minha ânsia por uma experiência da verdadeira paz interior aumentara e, ao mesmo tempo, me deixara ainda mais consciente de que eu não conseguiria descobrir isso sozinho.

Eu havia conhecido o trabalho de Gurudev Sri Sri Ravi Shankar em um evento aberto ao público realizado em Amsterdã, onde experienciei uma meditação guiada por ele. Na ocasião, senti que finalmente encontrara o que vinha procurando: um caminho autêntico e um mestre reconhecido que poderiam me levar ao meu objetivo. Alguns meses depois, ficamos sabendo do programa para jovens que a organização fundada por esse mestre realizaria nos Países Baixos. Meu irmão mais novo e eu nos matriculamos imediatamente.

"Oi, eu me chamo Claudio. Vocês estão aqui para o ART Excel?" O sotaque do homem entregou que ele era da Alemanha ou, talvez, de um país próximo. Na verdade, era suíço e um dos primeiros instrutores na Europa certificados para esse propósito.

"O programa será conduzido por mim", Claudio disse com um sorriso. Ele devia estar no fim dos 20 anos ou no início dos 30 e, de cabelo curto e roupa elegante, parecia, para mim, mais cool do que zen. Na realidade, eu não sabia muito o que esperar de um retiro como esse, mas, ao conhecer Claudio, vi que talvez tivesse exagerado um pouco na ideia de incensos e meditação. Não que eu tenha algum problema com isso – amo a cultura oriental e suas tradições. Mas aquele cara descolado me deixou curioso sobre como o programa seria.

Nos dias que se seguiram, exploramos tudo o que foi divulgado e um pouco mais. Aprendemos mais sobre como nossa mente funciona e a lidar com ela de maneira mais efetiva; aprendemos algumas técnicas de respiração para aumentar nosso nível de energia e relaxar a mente; e tivemos nossas primeiras experiências com meditação. Foi quando aprendi um dos mais valiosos e importantes princípios da verdadeira meditação: a arte do "deixar ir".

Durante anos, eu havia tentado concentrar a mente naquele estado total de tranquilidade, como se *mindfulness* (atenção plena), consciência e foco fossem elementos do que eu havia praticado e lido a respeito, seja nas aulas de artes marciais ou nos livros sobre zen. Só então percebi que foco ou atenção plena são apenas o primeiro degrau – são a preparação. A meditação real, que é aquele estado de descanso profundo e organização da mente, só acontece quando você "deixa ir", desapega. E isso é mais fácil de ser dito do que praticado. São necessárias orientação certa e um pouco de prática para fazer da forma correta. Mas os resultados foram evidentes.

Olhando para Claudio sentado do outro lado da grande mesa de madeira durante nosso almoço, no terceiro dia do programa, não pude deixar de perguntar: "Como você consegue estar sempre sorrindo?". O fato de ele estar sorrindo quase o tempo todo me impressionara muitas vezes nos últimos dias. Não um sorriso exagerado ou forçado, mas um sorriso sutil e de satisfação, como se ele estivesse desfrutando de cada momento. Algo muito incomum para um adulto, em especial na correria dos dias de hoje.

Claudio olhou para mim, sorrindo ainda mais agora, e, colocando seu sanduíche na mesa, disse: "Ah, isso é porque pratico as técnicas de respiração e meditação todas as manhãs, sem falta. Faço há anos. Tente quando voltar para casa. Realmente funciona!". Ele tomou um gole do chá de ervas e pegou o sanduíche de volta.

Embora Claudio tenha tratado o assunto de forma casual, não me dei por convencido. Mesmo que eu fosse apenas um adolescente, já vira muita coisa para saber que aquela paz e aquela felicidade não eram tão fáceis assim de conseguir – pelo menos, não por muitas pessoas que eu conhecia. A meditação poderia realmente ser tão efetiva?

A MEDITAÇÃO VEM SEGUINDO A MESMA ESTRADA PERCORRIDA PELA IOGA NAS ÚLTIMAS DÉCADAS. Quase todo mundo já ouviu falar dela, e muitos acham que sabem o que ela é. A ioga e a meditação passaram por uma grande transformação, seja em promoção e imagem, seja em campos de atuação e conceitos a elas relacionados. Se antes o autêntico iogue costumava ser associado a um homem magro, parcamente vestido, sentado em uma cama de pregos ou se equilibrando em uma perna só, hoje alguns ícones da ioga são mulheres magras, parcamente vestidas e sentadas em uma praia ou na montanha ou se equilibrando em uma perna só. OK, a pessoa magra e quase sem roupa equilibrando-se em uma perna só permanece, mas os trajes sumários e o iogue que estiveram à margem da sociedade conseguiram dar lugar a peças de grife não muito diferentes de um biquíni e se igualar, de certa forma, ao mais bem-sucedido e requisitado *coach* corporativo ou de bem-estar.

A meditação, às vezes também parte das práticas de ioga, evoluiu junto. Nesse processo, muito de sua essência se perdeu, enquanto alguns outros elementos foram adicionados. Em um esforço de torná-la menos associada a aspectos religiosos e mais fácil de comercializar, popularizou-se o termo *mindfulness* (atenção plena) quase como uma solução milagrosa que retirou da meditação a bagagem cultural que a sobrecarregava. Atenção plena acabou se tornando um outro (e preferencial) nome para meditação, e alguns dos seus aspectos mais essenciais foram deliberadamente esquecidos ou deixados de lado.

Então, antes de embarcarmos em nossa jornada de descoberta do tesouro que é a meditação, vamos primeiro esclarecer alguns pontos relacionados a ela e entender um pouco melhor o que ela é e o que não é. Porque, hoje, a meditação está igual à ioga: todo mundo sabe sobre ela sem saber de verdade, e com frequência a descarta, sem tê-la experimentado de fato, pensando que a praticou. E não há nada pior do que alguém desistindo da meditação antes mesmo de ter tido uma experiência autêntica, pois esse equívoco privou a pessoa de muitos benefícios maravilhosos que a meditação pode proporcionar. Muitas vezes, encontrei pessoas que me disseram que a meditação não funcionava para elas, até descobrir que na verdade elas experimentaram a atenção plena, a qual não lhes trouxe os resultados almejados ou as deixou mais frustradas.

Uma das melhores explicações da diferença entre meditação e *mindfulness* como hoje é praticado foi dada pelo meu mestre em uma entrevista ao autor malaio Vishen Lakhiani, durante uma conferência na Índia que reuniu líderes de empresas do mundo todo e na qual tive a sorte de estar presente.

Quando Vishen perguntou a Gurudev Sri Sri Ravi Shankar sobre a meditação ter se tornado mais popular no Ocidente como atenção plena e qual era a sua opinião sobre isso, ele respondeu belissimamente: "Atenção plena não é [o mesmo que] meditação. A atenção plena é como a garagem, a sacada ou a entrada da casa, mas há muito mais além disso, além da atenção plena. A verdadeira casa está além disso". A atenção plena consegue levar você até a garagem, mas se sentar nela não é o mesmo que se sentar em sua sala de estar.

As práticas da atenção plena consistem todas, basicamente, em você se esforçar para estar totalmente no que está fazendo ou no que está acontecendo neste exato momento. São sobre se tornar consciente, ou "presente", em relação ao que está acontecendo agora. Isso pode parecer simples, ou muito natural, mas, infelizmente, nosso estilo de vida e nossa sociedade moderna têm nos condicionado a realizar várias tarefas simultaneamente, incluindo pensar e prestar atenção.

Enquanto toma o café da manhã, você assiste ao noticiário na TV, e, ao mesmo tempo, também verifica o e-mail no celular para ver se algo importante chegou na noite passada. E, como está à mesa com alguns familiares, isso pode ser classificado como "tempo em família", então você economiza algum tempo com isso também. Mesmo ao executar tarefas simples, como fazer café ou tomar banho, nossa mente está, simultaneamente, planejando, preocupada e muito mais. É aí que a atenção plena se torna benéfica.

Quando começamos a observar nossa mente, percebemos a bagunça em que ela está. Então, fazer as coisas de forma consciente, com atenção e percepção, torna-se uma prática para firmar e acalmar a mente. Estamos treinando a mente para que se torne menos dispersa, mais focada, e para permanecer ainda mais no momento presente. É como fazer um esforço consciente para comer, outra vez, alimentos frescos e saudáveis, como frutas e vegetais, porque nosso estilo de vida moderno nos habituou a comer comida pronta. É triste, e até alarmante, que no mundo atual seja necessário esforço extra – e, às vezes, até gasto extra – para ingerir alimento natural e mais saudável, algo comum no século passado. Mas não há ninguém a culpar, tendo em vista que nós mesmos criamos o *fast-food*, assim como a sobrecarga mental de impressões que estamos enfrentando hoje. E é aí que, voltando conscientemente para um modo de vida mais simples e natural, podemos nos beneficiar muito, seja quando falamos em hábitos alimentares, seja quando falamos de atividade mental.

A atenção plena pode nos ajudar a regular a mente, acalmando-a e criando mais espaço e percepção para observá-la conscientemente, assim como todas as suas tendências e seus padrões. Está cientificamente comprovado que reduzir a sobrecarga de impressões às quais expomos nossa mente traz inúmeros benefícios, como a redução do estresse e da ansiedade e a melhora da saúde mental em geral. Pode, também, nos ajudar a observar os pensamentos com mais neutralidade, sem nos identificarmos tanto com eles. Todavia, mesmo que a atenção plena, em sua forma original nas tradições antigas, tenha sido criada para fazer tudo isso, ela foi claramente ensinada como um passo em direção à meditação ou como uma preparação para ela – e isso não é a mesma coisa. E, se você se esquecer ou não souber disso, poderá perder o prato principal, só para constar. Como dito antes, é como se sentar na garagem achando que está na sala de estar – não é a mesma coisa e não lhe proporcionará a mesma experiência. Ninguém consegue relaxar na garagem, de verdade; para isso, você precisa sair do carro e entrar em casa.

Embora a prática da atenção plena seja um bom ponto de partida, não é tão fácil, em especial no início, porque a mente é muito ativa, e não aprendemos a relaxá-la. Para muitos, relaxar significa, talvez, tomar uma cerveja, ou assistir à TV, ou realizar outras atividades para "tirar as coisas da cabeça"– com "coisas" significando problemas, estresse, desejos não satisfeitos e preocupações. Essas atividades não relaxam a mente; só tiram sua atenção de todos os outros pensamentos, dando-lhe uma pausa de todo o barulho. Então, aqui, a prática da atenção plena faz o oposto: torna você extremamente consciente de todo o barulho – o que, para muitos, pode ser difícil de enfrentar.

A realidade é que é muito assustador simplesmente se sentar, talvez ainda mais fechar os olhos e, então, não fazer nada senão observar os próprios pensamentos – porque é como abrir um armário repleto de tranqueiras que você conscientemente evitou limpar por muitos anos. No instante em que você o abre um pouco e a poeira e o mau odor saem, há muito mais razões para deixar a porta fechada e tentar esquecer isso do que para abri-la e começar a limpeza. Pense nisso. Para uma pessoa que está realmente preocupada, estressada, agitada ou com medo, a última coisa que a fará relaxar ou voltar ao eixo é sentar-se e não fazer nada senão pensar no medo, na preocupação ou no problema que a está perturbando.

Do mesmo modo, focar algo por mais que alguns segundos é mais fácil de ser dito do que de ser feito – então, aqui, vemos que, mesmo praticando a atenção plena de maneira apropriada, você ainda precisará ter certa quantidade de paz e concentração, apenas para começar.

Tentar acalmar a mente ou forçá-la a isso é como tentar explicar a uma criança por que ela deve ficar sentada e quieta. Você pode argumentar quanto quiser, mas isso não impedirá que a birra ocorra – e, talvez, cause um efeito adverso. É da natureza da mente ser ativa; então, em vez de tentar lutar contra isso, é sábio transcender.

A coisa que mais nos perturba, mais ainda do que os pensamentos, são os sentimentos por trás deles. Mais do que o "pensamento" de insegurança, é o "sentimento" de insegurança que nos perturba. Apesar de tentarmos racionalizar as coisas e dizer a nós mesmos que não há razão para nos sentirmos chateados, aborrecidos, inseguros, assustados, nós acabamos nos sentindo assim, porque sentimentos são mais profundos do que pensamentos, além de muito mais poderosos. Então, para realmente confrontarmos nossos problemas de forma eficaz e eficiente, precisamos acessar níveis de consciência ainda mais sutis do que nossos pensamentos – precisamos transcender a mente lógica e nos voltar ainda mais para o nosso interior. E, assim como em outras situações, o objetivo, aqui, é aprender *como* fazer.

A atenção plena pode lhe proporcionar maior percepção de seu caos mental, da inquietação que você sente em relação a algumas pessoas ou situações, ou dos desafios que está enfrentando. Mas, na realidade, pode não ajudar a se livrar desses sentimentos ou dessas emoções, porque não leva sua mente adiante, até a fonte de paz, alegria e estabilidade. Ao menos não até que você seja praticante de nível avançado. Paz interior não tem a ver com intelecto; é algo muito mais profundo, que vai além do nível sentimental. Para que estejamos aptos a acessá-la, precisamos ser capazes de explorar camadas mais profundas de nossa consciência. Mesmo que você realize uma prática avançada, a atenção plena ainda mantém a mente pensante; você continua tendo pensamentos, analisando-os, observando-os, e isso não lhe permite ir além e desligar a mente por um tempo, dando a ela um pouco de descanso real e relaxamento. Algumas pessoas podem até comprometer a mente ainda mais, tornando tudo muito mais cansativo para ela, e isso pode ser outro desafio quando se pratica demais a atenção plena. Há o risco de perder a capacidade de relaxar e ir além, em termos mentais – apenas para estar com o desconhecido. Encontrei muitas pessoas que se tornaram tão focadas em estar, de fato, vivenciando o momento presente que criaram, na realidade, outro tipo de tensão e tiveram dificuldade de simplesmente relaxar a mente. Elas não conseguiam apenas se sentar e aproveitar algo se estivessem focadas em observar a si mesmas ou a própria mente.

Essa é uma das coisas que podem acontecer quando práticas ou técnicas espirituais experimentadas, testadas e certificadas por milhares de anos de tradição e escrituras orientadoras são retiradas de contexto e reformuladas como uma solução moderna e rápida, sem qualquer referência ao contexto original.

Mesmo as raízes das práticas mais atuais da atenção plena oriundas do budismo são partes de um sistema maior de práticas e ensinamentos, o que inclui muitos aspectos das tradições iogues, e isso não deveria ser deixado de lado. Buda praticou muitas coisas e foi um iogue bem-sucedido. Quando se sentou embaixo da Árvore Bodhi para meditar, não estava fazendo apenas um exercício de atenção plena – ele mergulhou fundo na meditação e transcendeu a mente, alcançando um estado de profundo *samadhi*, ou serenidade além mente.

Meditação é muito mais do que atenção plena e, por esse motivo, tem muito mais a oferecer. Achar que alguns minutos de atenção plena vão levar à transcendência é tolice, e seria uma pena você nunca ir além da garagem de casa. A verdadeira atenção plena é, na realidade, o resultado natural da meditação profunda – acontece naturalmente como produto, sem todo o esforço e a luta que a maioria das práticas modernas da atenção plena exige.

Hoje, os termos atenção plena e meditação são, em geral, interconectados, e a palavra meditação geralmente se refere a uma gama de diferentes práticas. Mas a meditação verdadeira vai além da mente, para experimentar esse estado de "desligamento" ou vazio. É aí que a mente encontra o relaxamento mais profundo, muito mais do que quando dormimos, e onde pode, de fato, renovar-se e recarregar-se. É a mente voltando-se para si, para sua própria fonte. É a arte de "fazer nada", de desapegar. E é por isso que, se você observar a tradição zen, por exemplo, o propósito geral de muitas das práticas é, na verdade, ir além da mente, sair dela ou transcendê-la, mais do que se manter observando-a ou tentando mantê-la calma. Mestres zen utilizam todo tipo de abordagem para conseguir que seus alunos "saiam" do pensamento lógico para o desconhecido puro "ser". Estágios mais avançados de prática da atenção plena levam você a um estado mental mais calmo e mais tranquilo, mas, mesmo assim, para obter os benefícios mais profundos que a meditação pode oferecer, é necessário transcender.

Uma das grandes dificuldades está no fato de haver sempre uma ou duas coisas que nos incomodam e são suficientes para acabar com a nossa paz. Uma ou duas coisas que nos abalam e afetam nosso modo de funcionamento, a forma como lidamos com as situações que surgem, a maneira como interagimos com as pessoas à nossa volta. Os desafios não vão deixar de aparecer, então, para nos tornarmos "à prova de bala" (ou, pelo menos, bem resilientes), precisamos aprender a lidar com as situações que nos perturbam e superá-las. Tudo na vida pode estar perfeito, e, ainda assim, você vai achar um problema ou uma questão suficiente para lhe tirar o sono. Existe uma história interessante que meu mestre compartilhou sobre um momento da vida de Buda e que traz uma mensagem significativa a esse respeito.

Um senhor costumava assistir aos sermões de Buda fora de sua cidade, e o santo e seus discípulos decidiram permanecer mais algum tempo ali. Com o passar dos dias, o homem ficou mais inspirado com os ensinamentos de Buda e os ideais para os quais seus seguidores haviam dedicado a vida. Após assistir a mais um sermão, ele tomou uma decisão importante: planejou aproximar-se de Buda e pedir-lhe que fosse iniciado como um de seus monges. Ele vivera uma boa vida, sua família estava assistida, todos os seus filhos estavam casados e bem encaminhados, à frente dos negócios da família, o que significava que o homem estava livre para se aposentar quando quisesse. Ele sentiu que chegara o momento de se colocar à disposição para fazer a diferença na sociedade e para se dedicar ao seu aprimoramento espiritual.

O homem foi ao local onde Buda estava hospedado e solicitou, humildemente, uma audiência com o mestre. Foi pedido que aguardasse por um tempo, e, por fim, um dos discípulos apareceu para levá-lo até onde Buda estava sentado. Após se curvar, o homem contou seu desejo ao santo, perguntando-lhe se ele o aceitaria como discípulo e o ordenaria monge. Olhando para o homem por um instante, Buda respondeu: "Seu desejo é nobre, mas temos uma condição a qualquer um que queira assumir uma vida como monge em nossa ordem. Você precisa estar aberto a sentir compaixão por todos os seres, o que significa que precisa aceitá-los como são. Por favor, leve o tempo de que precisar para refletir sobre isso e, se sentir que conseguirá fazê-lo, volte amanhã, e eu o iniciarei".

O homem agradeceu e curvou-se mais uma vez. Ao chegar em casa, encontrou um local para se sentar em silêncio, de modo que pudesse refletir sobre as palavras do mestre. Analisou sinceramente o que levava no coração, para ver se seria capaz de aceitar tudo. O dia seguinte chegou, e o homem, mais uma vez, foi ao local onde Buda estava hospedado. Aguardou por um momento e foi, novamente, levado à audiência. Demonstrando seu respeito ao mestre, colocou flores aos seus pés.

"Analisou fundo seu coração?", perguntou Buda, com gentileza. "Você será capaz de amar e aceitar tudo da forma que é?"

O homem olhou para o mestre e respondeu-lhe com toda a honestidade: "Pensei bastante, mestre, e percebi que posso, sim, aceitar tudo, exceto duas pessoas. O que elas fizeram a mim e à minha família é muito difícil de perdoar, menos ainda de esquecer".

O mestre olhou para o senhor com muita compaixão e, então, respondeu-lhe calmamente: "Tudo bem, aprecio sua honestidade. Nesse caso, vamos abrir uma exceção. Você não precisará aceitar todo mundo para ser ordenado monge aqui. Terá de aceitar apenas essas duas pessoas".

Se observarmos a nós mesmos honestamente, vamos descobrir que somos todos muito parecidos com esse sincero senhor. Não temos tantos problemas o tempo todo, talvez apenas alguns. Mas uma ou duas coisas são suficientes para nos abalar e afetar nossa qualidade de vida. Uma pequena pedra no sapato pode nos fazer andar com desconforto, e um pequeno grão de areia é o bastante para nos irritar os olhos. A verdadeira habilidade aqui é conseguir aceitar as duas pessoas que estão perturbando nossa mente; só assim, conseguiremos ter verdadeiramente paz e ser felizes. E, se você olhar com mais atenção, vai perceber que as duas pessoas ou os dois problemas vão mudando com o tempo, embora sempre estejam lá. Sempre há uma ou duas coisas que podem atrapalhar o sono à noite ou impedir que nos sintamos bem. Assim como a pedra no sapato ou o grão de areia no olho, quanto mais você resistir a esses pensamentos ou sentimentos indesejados, quanto mais tentar se livrar deles, mais fortes e poderosos eles parecerão. Então, aqui, a chave é a falta de esforço, não o esforço. É deixar ir, não lutar contra. Isso é meditação. É essa a habilidade que precisamos desenvolver.

Em geral, nossa mente está tão ocupada e sobrecarregada com as impressões do dia a dia que nem mesmo nosso sono habitual está sendo suficiente para propiciar todo o descanso de que ela necessita. É por isso que você pode sentir que não teve um sono restaurador mesmo tendo dormido por sete, oito horas. Até durante a noite não temos tempo de digerir todas as impressões que acumulamos. Essa é mais uma razão pela qual precisamos meditar: a meditação nos proporciona muito mais descanso do que dormir, permitindo à mente acalmar-se muito mais. A verdadeira meditação é um estado de alerta repousante, no qual apenas vinte minutos podem dar à nossa mente a mesma quantidade de descanso que teríamos em quatro a seis horas de sono. O verdadeiro descanso vem sem esforço; nunca poderá ser alcançado por meio da força. Vimos anteriormente como o corpo e a mente trabalham de acordo com diferentes leis. Enquanto o corpo requer o uso da força, no caso da mente a abordagem mais efetiva é a falta de esforço. Esse princípio se mostra verdadeiro quando você quer relaxar a mente por completo e ir além.

Vivenciei essa experiência muitas vezes por conta própria e em inúmeros programas que conduzi, nos quais as pessoas se sentiram mais renovadas, mais energizadas, mais vivas, mais descansadas, mais positivas e mais tranquilas em meros quinze minutos, com uma prática simples de meditação. Observar a mente e os pensamentos por quinze minutos pode acalmá-la um pouco e clarear mais as coisas, mas raramente tem efeitos rápidos e poderosos como um simples mergulho na consciência além da mente – mesmo para iniciantes ou pessoas que nunca tentaram qualquer dessas práticas.

Claro, aqui a orientação faz uma grande diferença, e nos dois próximos capítulos compartilharei etapas básicas, o que fazer e o que não fazer, considerando o que aprendi e vivenciei nas duas últimas décadas de minha prática pessoal, sob a orientação de meu mestre.

Colocar a mente para descansar conscientemente é meditação. Quando a mente e o sistema nervoso conseguem relaxar e deixar de lado muitas impressões desnecessárias, estresses e pressões que tendemos a acumular, você se percebe naturalmente uma pessoa muito mais ancorada no momento presente. Todavia, como isso exige penetrar mais fundo na mente, não é algo que você pode aprender apenas usando o intelecto. É uma habilidade que se desenvolve com orientação correta e prática sincera. Prepare-se para começar a explorar o desconhecido.

SUTRAS DE SABEDORIA

- Meditação não é concentração ou foco: é a arte de se desconcentrar, de deixar as coisas para lá.
- O esforço pode estabilizar a mente e fazê-la ter foco, mas para transcender não deve haver esforço.

DEZ MINUTOS DE EXERCÍCIO

Sente-se em silêncio, com os olhos fechados, em um lugar onde não haverá interrupções. Encontre uma posição confortável para que seu corpo possa relaxar. Inspire e expire algumas vezes, observando, com atenção, como a respiração entra e sai do corpo sem esforço.

Agora, atente-se aos seus pensamentos. Não resista a eles nem os analise ou julgue se são bons ou ruins. Só os deixe ir e vir por conta própria. Não se entretenha com pensamentos prazerosos ou positivos nem julgue ou resista a um pensamento negativo. Não dê atenção especial a nenhum deles. Você não está analisando os pensamentos nem focando nada. Só permaneça lá como testemunha da própria mente e do que quer que esteja acontecendo neste exato momento.

Deixe todo o esforço de lado e relaxe.

Toda vez que você perceber que sua mente começa a ir em direção a outro lugar ou a outro pensamento, gentilmente a traga de volta a si mesma. Inspire e expire suavemente mais uma vez, solte-se e relaxe no aqui e agora.

Faça isso por um tempo.

Observe como se sente depois.

Com um pouco de prática, você perceberá que a mente se sentirá naturalmente mais relaxada e se tornará mais consciente e alerta.

DANDO INÍCIO À PRÁTICA DE MEDITAÇÃO

Quando passamos pela porta, a primeira coisa que vi foi a vista majestosa da linda Montanha da Mesa sob um céu azul-claro. Essa é uma das inúmeras coisas que fazem da Cidade do Cabo o meu lugar favorito na África do Sul.

"Vamos ter de nos apertar um pouco, já que eu não trouxe o caminhão", Francois nos falou. "Não esperava que fôssemos três", desculpou-se. Francois é um cara grande, com corpo atlético – foi modelo profissional antes de começar a praticar ioga –, e iniciou vários projetos sociais nos arredores mais pobres e perigosos da Cidade do Cabo. Eu estava feliz por Francois ter vindo, não só pelo coração de ouro mas também por ele ser fluente em africânder. Estávamos indo para uma das áreas mais precárias da cidade e já tínhamos sido avisados de que o homem que iríamos encontrar falava apenas africânder. "Vocês sabem o endereço?", Francois nos perguntou.

"Sim, conseguimos falar com a mulher dele e com o filho dela, e ela nos explicou. Temos de ir para Delft."

"Certo, sei como chegar lá. Como vocês descobriram esse cara?"

"Há um ou dois meses, encontrei, por acaso, um artigo no Washington Post", respondi. "Um amigo que sabia que agora estou trabalhando na África o encaminhou para mim."

O artigo chamou minha atenção porque relatava a história de Fredie Blom, que vivia naquela parte da Cidade do Cabo e era considerado o homem vivo mais velho do mundo. Faltava a declaração oficial da organização do Guinness Book, pois essas coisas levam tempo para serem verificadas por causa da falta de documentos, mas, de acordo com os registros disponíveis, Fredie estava com 115 anos em 2019. Como eu acabara de retornar à Cidade do Cabo após muitos meses, não queria perder a chance de conhecer esse senhor. Havíamos contatado a esposa dele, e eles gentilmente tinham aceitado nos receber. Atendendo aos pedidos deles, levávamos alguns mantimentos, incluindo alguns itens favoritos de Fredie.

Após finalmente entrarmos na estrada estreita onde a casa ficava, estacionamos o carro e levamos a caixa de mantimentos até a porta. "Bom dia. Vocês devem ser as pessoas que ligaram. Entrem, por favor."

Fomos recebidos pela esposa de Fredie, Jeanette, pelo filho dela e pela família dele. Ao colocarmos a caixa de compras sobre uma pequena mesa de madeira, ela espiou dentro dela e sorriu. "Ah, vocês trouxeram algumas das coisas favoritas do Fredie! Ele vai ficar tão feliz!"

Jeanette tinha 86 anos, e, apesar da grande diferença de idade entre eles, Fredie e ela estavam muito bem casados já fazia quase meio século. "Ele ainda consegue andar sem apoio, apesar de não tão rápido como antes, e também se veste sozinho", ela nos contou, orgulhosa. "Sabe, ele era um ótimo dançarino, e foi assim que nos conhecemos: na dança. A saúde dele ainda é muito boa, mas, às vezes, ele tem pressão alta", Jeanette confidenciou. "Mas ele não gosta de ir ao médico; não gosta quando picam o dedo dele para coletar sangue nem quando o medidor de pressão aperta o braço. Então, ele não vai muito lá."

Ela nos levou à pequena sala de estar e abriu algumas das cortinas para deixar mais luz entrar. "Peço desculpas, estamos sem energia elétrica no momento, então fica um pouco escuro aqui. Vou chamar o Fredie para vocês."

Fredie nascera em 1904, mas não aparentava a idade que tinha. Ninguém diria que aquele homem que entrara devagarinho na sala vira duas Guerras Mundiais e estava na casa dos 40 quando o apartheid tivera início na África. "Não ando tão rápido quanto antes", Fredie falou em africânder, "mas estou bem". Ele sorriu, o que revelou que ainda tinha todos os dentes. Fredie se sentou em sua cadeira, e nos sentamos próximos a ele, e começamos a conversar.

Depois de dizer a ele e à esposa o que eu fazia, ofereci-me para ensinar ao casal algumas técnicas simples de ioga para acalmar a mente e também estabilizar a pressão arterial, uma vez que isso poderia ser útil para ele. Fredie e Jeanette nunca tinham ouvido falar em ioga e meditação, mas se mostraram curiosos em saber mais. Após lhes ensinar uma técnica simples de respiração, eu os guiei por uma meditação curta. Fredie entrou em profundo estado de relaxamento – por um momento, até pensamos que ele tinha adormecido! Depois de pedir a Fredie algumas vezes que abrisse os olhos devagar, ele finalmente o fez. Agora, as expressões nos rostos de Fredie e da esposa pareciam ainda mais positivas.

"Estou sentindo o meu coração e o meu corpo fortes", Fredie disse quando perguntei sobre sua experiência, "e a minha mente está clara e calma! Gostei disso". Jeanette concordou: "Vamos praticar isso todos os dias. Vai ser bom para ele e para a pressão". Então, Jeanette acrescentou: "Por favor, avise-nos quando vier novamente. Gostaria de convidar mais pessoas, para elas poderem aprender o que você está ensinando". Foi tocante ver que, mesmo em idade avançada, Fredie e a esposa se mostravam tão entusiasmados e abertos para aprender e explorar coisas novas.

SÃO EXPERIÊNCIAS IGUAIS A ESSA QUE ME MOSTRAM QUE A MEDITAÇÃO É ALGO VERDADEIRAMENTE ÚTIL E ACESSÍVEL A TODOS. Se um senhor como Fredie pôde aprender a meditar naquela idade, por que você não pode? Se com a orientação correta ele foi capaz de ter uma experiência autêntica de meditação em apenas uma sessão, por que outras pessoas não seriam? Então, tendo conhecimento de que a meditação é para qualquer um, vamos iniciar essa fascinante jornada sabendo que ela está ao nosso alcance. Nos capítulos anteriores, vimos os fundamentos para a nossa nova prática de meditação. Também aprendemos e praticamos alguns dos princípios mais importantes que possibilitam preparar a mente para relaxar, desapegar e se recarregar, voltando-se para dentro de si mesma.

A primeira coisa a fazer é preparar o corpo para a meditação. Não se preocupe; isso não requer um rigor severo ou uma flexibilidade extrema, nem mesmo saúde perfeita. Mas é preciso tomar cuidado com alguns fatores que podem afetar a concentração e tornar difícil meditar da maneira apropriada. Quando o corpo não está confortável, a mente não relaxa, então precisamos que o corpo esteja confortável.

De preferência, o estômago deve estar vazio. Depois de comermos, o metabolismo e a atividade corporal aumentam, e toda a energia é enviada ao estômago para auxiliar no processo de digestão. Na meditação, no entanto, o corpo é levado a um estado de descanso profundo, e o metabolismo desacelera. Saber dessas informações básicas é o suficiente para entender que, de alguma forma, os dois processos são diretamente opostos e não funcionam muito bem ao mesmo tempo. Não estou dizendo que as pessoas não possam meditar apropriadamente após uma refeição – algumas podem conseguir, às vezes. Mas aqui estamos tentando tornar a meditação o mais fácil possível a todo mundo, então vamos entender esse caminho. Só porque algumas pessoas saltam obstáculos e escalam muros sem problema, isso não quer dizer que todas conseguem fazer o mesmo confortavelmente. Então, para quem está tentando lidar com os desafios da vida e, ainda assim, continuar a sorrir, queremos apresentar os passos iniciais no caminho da meditação do modo mais simples e efetivo possível.

De preferência com o estômago vazio, encontre um lugar em que não haverá interrupções, se possível. Mais uma vez, praticantes experientes conseguem meditar de forma satisfatória em quase qualquer ambiente, então isso não é uma exigência. Mas um espaço tranquilo, silencioso, limpo e agradável ajuda a mente se acalmar, para que o corpo relaxe.

Para poder meditar, não se exige que você se sente na posição de lótus (de pernas cruzadas), mas faz diferença que as costas estejam eretas. Será mais confortável no longo prazo, muito melhor para a sua postura, e vai manter sua mente mais alerta e, ao mesmo tempo, mais relaxada. Além disso, permite respirar de maneira muito mais confortável, fácil e profunda. Sentar-se de qualquer jeito (curvado, por exemplo) torna-se desconfortável com o tempo porque coloca pressão desnecessária no pescoço e em outras partes do corpo, podendo afetar momentos mais meditativos. Geralmente também não meditamos deitados – essa postura é mais apropriada para práticas de ioga nidra, chamadas hoje de técnicas de escaneamento corporal. Isso pode, igualmente, ser muito relaxante, mas em nossa prática queremos ir além e meditar de verdade.

Encontre uma posição em que seu corpo fique confortável, sentando-se com a coluna ereta. Se achar melhor, você poderá apoiar as costas ou sentar-se confortavelmente em uma cadeira ou em um sofá. Caso prefira se sentar no chão, mas seja difícil manter as costas eretas por um tempo sem esforço extra, você pode colocar uma almofada ou algo firme sob as nádegas para poder elevar um pouco os quadris – isso ajuda a manter as costas eretas e tira a pressão desnecessária da lombar.

Você também pode cruzar as pernas, repousá-las no chão ou esticá-las – faça o que for melhor para você. Tenha certeza de que consegue permanecer na posição escolhida, com conforto, por dez a quinze minutos sem que precise mudá-la ou mexer as pernas porque elas ou as costas estão ficando doloridas ou desconfortáveis.

Mais uma coisa que ajuda o corpo e a mente a ficarem mais confortáveis durante a meditação é verificar se ele não está nem muito rígido nem muito relaxado. Por causa do estilo de vida sedentário que muitos de nós temos, passando boa parte do tempo sentados no carro, no escritório, em casa ou em algum outro lugar, é importante fazer um aquecimento. Execute pelo menos um exercício para melhorar a circulação e remover, ao mesmo tempo, qualquer rigidez ou excesso de energia ou cansaço do corpo. Isso é bastante útil caso você medite logo cedo, antes do café da manhã, porque o corpo estará rígido por ter ficado deitado a noite toda, e também se você medita à noite, depois de ter permanecido no escritório o dia todo na mesma posição. A maneira de se aquecer é escolha sua. Alguns preferem correr, praticar ioga, dançar ou fazer polichinelo por alguns minutos, relaxando o corpo e gastando um pouco de energia. Caso perceba seu corpo muito inquieto ao se sentar para a meditação e com dificuldade de mantê-lo parado, ou tenha muitos pensamentos carregados, desejos ou sensações que não permitem que você se sente tranquilamente, então aumente um pouco a carga de exercício antes de se sentar para meditar. Você também pode observar a sua dieta, reduzindo a quantidade de açúcar e de alimentos condimentados, gordurosos e fritos.

Na verdade, essa é a razão pela qual muitos praticantes de ioga e meditação acabam modificando seus hábitos alimentares. Não que você tenha de seguir uma dieta vegetariana ou mais saudável para se beneficiar dessas práticas, mas, conforme se torna mais consciente sobre como seu corpo e sua mente reagem a certos tipos de comida, naturalmente começa a preferir alimentos que proporcionem relaxamento e tranquilidade em vez dos pesados ou indigestos.

Agora que você está confortável, que encontrou uma postura na qual pode relaxar com facilidade e permanecer imóvel por algum tempo, feche os olhos e respire algumas vezes, lenta e gentilmente. Direcione a atenção para diferentes partes do corpo e relaxe-as de maneira consciente. Aqui, dê uma atenção especial aos ombros, ao pescoço e aos músculos faciais, pois em geral são os lugares em que ficamos mais tensos e que acumulam muito do estresse. Normalmente, peço para as pessoas sorrirem – não um sorriso grande, mas um sorriso gentil; como não é possível franzir o cenho e sorrir ao mesmo tempo, isso ajuda a relaxar o rosto também.

É mais confortável manter as mãos nos joelhos, ou no colo, com as palmas viradas para cima. Você não precisa mantê-las em nenhuma posição ou mudra especial; sugiro que não faça isso, pois envolve esforço e não lhe permitirá relaxar por completo. Normalmente, vemos estátuas de Buda e iogues sentados em postura meditativa com as mãos em diferentes mudras. Ainda que esses mudras tenham certo efeito no corpo e na mente, também são utilizados para representar determinados princípios e estados mentais. Para nós que estamos iniciando nossa jornada na meditação, é importante primeiro construir uma base sólida para nossa prática, que é aprender a relaxar totalmente e a desapegar; aprender a não se esforçar. Manter as mãos em uma postura específica não permitirá que o corpo nem a mente relaxem por completo. Então, vamos pegar o caminho mais fácil, escolhendo o não se esforçar em vez do esforço.

Uma vez que o corpo esteja confortável e imóvel, direcione a atenção, por um momento, para a respiração. Apenas a observe suave e mais devagar. Se achar que ela ainda está muito rápida, superficial ou desequilibrada, você poderá, de forma consciente, respirar mais devagar, inspirar e expirar mais profundamente e, então, relaxar de novo, o que lhe permitirá respirar no próprio ritmo. Deixe a respiração fácil, de modo que ela possa entrar e sair do corpo por si mesma. Às vezes, ela poderá ser mais longa e mais profunda, mais suave e mais leve, e, às vezes, um pouco mais rápida ou mais pesada. Não se esforce para modificá-la; apenas se torne mais consciente disso e observe. Tome consciência de como cada inspiração está energizando seu corpo e de como cada expiração está relaxando você. Esse é um fenômeno natural que acontece o tempo todo, mas, quando consegue percebê-lo, ele se torna mais efetivo, à medida que você vai direcionando mais atenção a ele. E, ao passo que a respiração ocorre sempre no momento presente, a mente também se acalma, projetando menos situações passadas e futuras e tornando-se mais fixa no aqui e agora.

A seguir, direcione a atenção para alguns sons ao redor. Pode ser o som do ar-condicionado ou de um ventilador, de algumas pessoas conversando em outro cômodo ou em algum lugar próximo, do trânsito distante ou de alguns pássaros cantando. Sejam quais forem os sons, apenas se familiarize com eles e aceite-os, permitindo que permaneçam onde estão. Não resista a eles. Na realidade, essa é uma técnica que pode libertar a mente dessas perturbações. Direcionando a atenção conscientemente para esses ruídos e aceitando-os, você vai perceber que eles começarão a ficar em segundo plano e deixarão de perturbar. A mente, então, não mais ficará presa a eles. No entanto, às vezes, alguns sons poderão continuar distraindo sua mente, impedindo a concentração. Se você resistir, não será capaz de se libertar deles, e sua mente não conseguirá voltar-se a si mesma.

Quando a mente não estiver mais presa ao ambiente, permaneça totalmente imóvel. Esse é outro segredo. Quando o corpo fica estático, a mente também começa a se aquietar automaticamente, porque corpo e mente estão conectados. Quando você deixa o corpo completamente parado – exceto, é claro, pelo gentil e calmo movimento da respiração –, a mente também vai se acalmando, mesmo que tenha estado ativa até o momento. Então, você deve manter o corpo totalmente imóvel, como se fosse uma estátua.

Lembre-se de que a lei da mente é a falta de esforço. Não imponha qualquer força para controlar a mente ou observá-la – apenas a deixe livre. Se ela divagar, permita que o faça; não resista a qualquer pensamento, mas também não os estimule. Caso haja alguma coisa que a mente esteja tentando elaborar, algo que você ainda precise decidir ou mudar, problemas que necessite resolver ou coisas que ainda sente que estão faltando em sua vida ou que não estão bem, é hora de praticar o princípio que aprendemos no primeiro capítulo. Conscientemente, lembre-se que, neste exato momento, você não precisa de nada daquilo que achou que fosse imprescindível. Você consegue ser feliz e ficar em paz sem essas coisas agora? Sim, você consegue ser feliz e ficar em paz sem elas, neste momento.

Quando essa primeira etapa for concluída, o próximo passo será relembrar o princípio do desapego. Sinta que agora, neste momento, você tem tudo de que precisa. Agora, você não precisa de nada nem quer nada. Sinta isso, de verdade, nos quinze ou vinte minutos seguintes. Você não está procurando nada nem tem de fazer nada. Sejam quais forem os objetivos, os desejos ou os itens na sua lista de afazeres, tudo isso pode esperar vinte minutos.

Agora, de modo consciente, abandone todas as suas identidades, todos os rótulos. Você pode ser pai, mãe, advogado, atendente de loja, cantor, filho, irmã ou qualquer outra coisa, mas, pelos próximos quinze a vinte minutos, deixe todas essas identidades. Sinta como se você tivesse morrido; como se sua vida tivesse se dissolvido. Todos os relacionamentos, as responsabilidades, as noções e os desejos. Como se tudo fosse um sonho, e você tivesse acabado de acordar. Sinta que "não sou nada nem ninguém".

Se você não abandonar essas identidades, os pensamentos vão continuar surgindo. Se você não deixar suas tarefas de lado, os pensamentos relacionados a questões pendentes, contas não pagas, propostas a serem apresentadas, clientes a serem contatados poderão continuar surgindo em sua mente. Mas, se por alguns instantes você conseguir abandonar essas identidades, esses pensamentos nem sequer vão aparecer. Então, por um momento, não dê muita importância a nenhuma dessas identidades e sinta como se você não fosse ninguém, nada. O passado se foi, e o futuro não aconteceu ainda. Deixe de lado todas as impressões do passado e as ideias a seu próprio respeito, sobre a sua vida até agora, assim como os planos futuros. Durante o tempo de meditação, você não quer fazer nada. Está em um novo momento, neste momento. E neste exato momento você não tem nada para fazer. Deixando o passado completamente de lado e não nos perdendo nos planos futuros, colocamos em prática o que vimos no segundo capítulo, lembra-se? No quarto capítulo, aprendemos, em detalhes, a abandonar nossas identidades e nossos rótulos, assim como tudo o que está acontecendo em nossa vida agora.

A explicação apresentada sobre a prática do desapego termina em três belos princípios que aprendi com meu mestre. Ele nos ensinou como preparação para a meditação. Resumidos, os três princípios são sentir, pelos próximos momentos:

1. **NÃO SOU NADA.**
2. **NÃO QUERO NADA.**
3. **NÃO TENHO DE FAZER NADA.**

Trazer isso para a consciência, por um momento, e senti-lo de fato é uma técnica que realmente pode ajudar a meditar de maneira mais rápida. Sinta agora mesmo, pelos próximos minutos, que você não é nada nem ninguém, não quer nada e, neste exato momento, não tem de fazer nada. Quando conseguir sentir isso, vai perceber que a sua mente começará a se acalmar. Muitos pensamentos habituais nem surgirão agora.

Esse é o ponto em que você relaxa e desapega. Se alguns pensamentos surgirem, deixe que venham e vão por si mesmos. Não os rotulamos nem nos distraímos com eles. Pensamentos vêm e vão por si mesmos; não os analisamos. Sejam pensamentos bons ou ruins, não resista; apenas deixe que fiquem onde estão. Eles vêm e vão como ondas no oceano, para se dissolverem. Como as ondas, esses pensamentos estão apenas na superfície de sua consciência. Quanto mais calmos eles se tornarem, mais tranquila se tornará a superfície, e mais você conseguirá ver e apreciar o oceano de sua consciência.

Se você acha, portanto, que a sua mente está fixa em um pensamento (que fica sempre retornando) ou em algum planejamento futuro, volte gentilmente para o momento presente, direcionando a atenção para a respiração. Fizemos essa prática no quinto capítulo, lembra-se?

Aceite e acolha o que estiver acontecendo. Se há muitos pensamentos, deixe-os vir, está tudo bem. Não tente se livrar deles ou relaxar rapidamente – isso não funciona. Quanto mais você conseguir aceitar o que quer que esteja acontecendo e coexistir com isso, mais seu corpo e sua mente se acalmarão e ficarão mais tranquilos. Meditação é desconcentração; é a arte de desapegar e deixar acontecer. Quanto mais você conseguir "desapegar", mais conseguirá evoluir na meditação. E isso inclui desapegar do desejo de "meditar bem" ou de "evoluir na meditação".

Às vezes, quando me sentava para praticar a meditação, em diferentes momentos eu sentia que algo estava me incomodando ou que a minha mente estava fixa em algum pensamento, e isso me impedia de meditar profundamente. Mas, no instante em que eu decidia que, mesmo que a meditação não acontecesse, eu ficaria bem com isso e que só faria a prática por quinze a vinte minutos não importando o que acontecesse, a meditação começava a se tornar mais profunda. Desistir do desejo de meditar e abandonar o estado "multitarefa" é essencial e uma poderosa etapa no processo de meditação. O modo mais rápido de alcançar seu objetivo é a paciência infinita!

Há uma bela história que costuma ser contada para ilustrar esse ponto da prática de meditação ou qualquer outra prática espiritual. Existem diferentes versões dela, mas da forma que a ouvi pela primeira vez, anos atrás, foi mais ou menos assim.

Um dia, um mestre decidiu sair para uma caminhada pelo Ashram e, ao ver seus discípulos envolvidos nos serviços, nas atividades e nas práticas espirituais, ele sorriu. Estava envelhecendo e sabia que o seu corpo tinha apenas mais alguns anos de vida.

Nesse momento, um dos discípulos mais antigos que o acompanhava olhou seriamente para ele e perguntou: "Mestre, tenho estado com você nas últimas décadas e sido sincero em minha prática de meditação. Contudo, você mesmo nos disse que estará conosco neste corpo por só mais alguns anos. Por favor, me diga, quando alcançarei a iluminação? Quando serei liberto?".

Percebendo a ânsia nos olhos do discípulo, o mestre fechou os olhos por um momento e usou sua intuição divina. Abrindo os olhos novamente, fitou o discípulo com muita compaixão e disse-lhe: "Levará mais umas quatro vidas para que você alcance a iluminação e se torne liberto, meu filho".

Ao ouvir isso, a face do antigo discípulo empalideceu, abrindo caminho para a raiva. "O quê? Quatro vidas? Mas tenho dedicado a vida a você e aos seus ensinamentos. Tenho realizado minhas práticas com sinceridade faz décadas! Isso é ultrajante."

Ao ouvir a conversa entre o discípulo e o mestre, um jovem rapaz, que se juntara ao Ashram apenas alguns anos antes, aproximou-se do mestre, hesitante, e perguntou-lhe com toda a inocência: "Mestre, e quanto a mim? Poderia me dizer quando serei liberto?".

Mais uma vez, o mestre fechou os olhos por um momento e, quando os abriu de novo, sorriu para o garoto e disse-lhe: "Você vê aquela árvore que estava regando? E vê todas aquelas folhas nos galhos dela?".

"Sim, mestre", o rapaz respondeu alegremente. "Estou vendo!"

"Bem, meu garoto, levará algumas vidas tanto quanto há folhas naquela árvore antes que você alcance a iluminação."

O sorriso do garoto tornou-se ainda maior, e, agradecido, ele acenou para o mestre.

O discípulo mais velho, que ainda estava bravo, foi até o garoto e lhe perguntou: "Por que você está tão feliz? Não está vendo que há milhares de folhas naquela árvore?".

"Sim, eu vejo. Mas estou feliz porque consigo contar o número de folhas nela, que é finito. Pode haver milhares, sim, mas o mestre acabou de me dizer que serei iluminado quando elas acabarem."

Lágrimas de alegria e gratidão rolaram pela face do jovem rapaz, e ele começou a dançar alegremente, sentindo-se feliz por um dia poder se tornar iluminado. E conta a história que naquele momento a iluminação chegou para o garoto, e ele foi, então, liberado.

Uma das belas lições aqui é: o modo mais rápido de alcançar o objetivo na meditação ou em qualquer prática espiritual é não ter pressa, mas paciência infinita. Isso, é claro, não significa que você deva apenas se sentar e esperar ou ficar fazendo outras coisas; significa que você pode praticar qualquer coisa sem pressa de alcançar determinado objetivo ou determinada experiência. Ter paciência infinita significa ter a habilidade de praticar algo sem inquietação ou desejo pelas experiências ou pelos resultados. Dedicando-se totalmente à ação, enquanto renuncia ao desejo pelo prêmio ou pelo resultado dessa ação. Isso lhe permitirá estar por completo no momento presente e ir além de verdade, tendo em vista que a mente conseguirá relaxar profundamente. Querer que algo aconteça ainda é fazer alguma coisa – e, como vimos, a meditação é a arte de fazer nada, de desapegar. Então, aqui também aplicamos o princípio que aprendemos no terceiro capítulo: a capacidade de estarmos 100% apenas no presente, esquecendo-nos de tudo o que fizemos no passado e de como essa experiência costumava ser. Sente-se como se fosse meditar pela primeira vez, sabendo que sempre que o fizer será uma nova experiência, esquecendo-se de tudo o que você acha que sabe sobre isso e sobre o que poderá acontecer. Esqueça todas as antigas experiências, sejam elas boas ou ruins. E seja totalmente capaz de experimentar o que quer que esteja acontecendo no momento. Esqueça o que você poderá ganhar com isso ou como isso trará benefícios. Realize a prática com a inocência e o entusiasmo de uma criança, sem se preocupar com o resultado.

Quanto mais você praticar o desapego, mais conseguirá abandonar até mesmo o desejo de meditar ou de ficar em paz. E, à medida que isso for acontecendo, mais relaxadas, intensas e profundas serão suas meditações, e mais alegre, com tranquilidade e livre você será.

Agora, como saber se está fazendo isso da forma correta? Como saber se você está meditando ou não? Sempre ajuda ter um instrutor que possa orientar ou assegurar que você está no caminho certo; contudo, mesmo que esteja praticando por conta própria, há certos sinais que indicam que está progredindo.

O primeiro sinal é que, após a meditação, você se sentirá uma pessoa mais relaxada, renovada, centrada, e sua mente ficará mais calma. Em algumas meditações, você poderá não sentir o tempo passar ou não perceber muita coisa, enquanto em outras poderá ter uma percepção apurada, e, mesmo assim, a mente estar relaxada. Você poderá, a princípio, sentir que tem muitos pensamentos, uma vez que está consciente deles, mas então, ao perceber que vinte minutos se passaram, poderá se surpreender com o fato de não ter mais *todos* aqueles pensamentos. Isso significa que houve lacunas nas quais não houve pensamentos, lacunas essas das quais você nem tinha consciência – você transcendeu a mente lógica. Todavia, apesar da sensação de que teve muitos pensamentos, você sente que não há cansaço depois.

As experiências podem variar a cada vez que se senta para meditar; então, é muito importante você não se julgar nem julgar suas experiências ou tentar analisá-las. É essencial, também, não comparar muito suas experiências com as de outras pessoas ou com coisas que tenha lido ou ouvido. Existem muitos conceitos equivocados sobre a meditação circulando por aí, e muita gente fica presa a essas ideias. Houve pessoas que me procuraram para obter orientação sobre a prática meditativa dizendo que ainda não tinham conseguido ver a luz brilhante sobre a qual haviam lido, e essa luz supostamente seria a indicação de que a meditação estava acontecendo. As pobres almas tinham tentado, desesperadamente, ver uma luz brilhante, e isso havia tornado suas tentativas mais estressantes e cansativas para a mente em vez de fazê-las se sentir melhores e mais tranquilas de verdade. Todos os tipos de experiência podem surgir na meditação, mas não devemos nos fixar ou nos prender a eles. Se você pratica a meditação regularmente, até poderá visualizar algumas cores, sentir algumas fragrâncias, ter algumas sensações como se estivesse flutuando, ou poderá se sentir mais leve, ou como se pesasse mais, ou todos os outros tipos de experiência – ou pode não ter nenhum deles.

Procurar por essas experiências ou tentar recriá-las é mais uma forma de as pessoas ficarem travadas. Como meu mestre disse belissimamente uma vez, quando alguém lhe perguntou sobre algumas dessas experiências vivenciadas por um amigo e que ele não conseguia, "a meditação não é sobre a experiência; é sobre experimentar". Então, não se prenda a essas experiências, comparando-as com as dos outros ou se autojulgando. Considere uma nova experiência cada vez que você se sentar para meditar e acolha o que vier de braços abertos. A simplicidade e a entrega são outro aspecto importante; são ferramentas poderosas para ir mais fundo na prática da meditação. Porque, como compartilhei antes, a meditação é uma arte ou habilidade que se desenvolve com a prática, não por conhecimento intelectual. Claro que compartilhei com você algumas orientações e alguns princípios, mas, mais importante do que isso é ter a mente aberta e disposta a acolher e a experimentar o desconhecido. Porque a meditação vai além da mente. Por isso, não poderá jamais ser conhecida em nível intelectual, mas apenas ser sentida.

Conheço uma bela história que ilustra essa simplicidade infantil e a importância da prática e do estado mental acima do saber técnico. Ela foi escrita por Tolstói no fim do século XIX, mas sua mensagem permanece verdadeira até hoje.

A história fala de três eremitas que moravam em uma pequena ilha, em algum lugar próximo a um grande lago, em uma parte remota da Rússia. Com o passar do tempo, espalhou-se a notícia de que os três santos realizavam milagres. O bispo local ficou preocupado, temendo que a popularidade deles começasse a afetar a posição e a autoridade da Igreja na região. Após analisar o problema, o bispo chegou a uma solução: visitaria os eremitas e transmitiria a eles os ensinamentos da Igreja. Assim, mesmo que as pessoas os considerassem santos, isso não as afastaria das tradições da Igreja.

No dia seguinte, o bispo foi até o lago e, ao chegar à costa, pediu que o comandante do barco de pescadores o levasse até a ilha remota onde os três homens moravam. Quando perguntou ao comandante se ele conhecia os três santos, o homem respondeu que ouvira histórias da população local sobre alguns milagres realizados por eles.

"Mas não acho que valerá seu tempo ir até lá, Vossa Eminência", o comandante acrescentou. "Pelo que ouvi sobre esses santos, são pessoas simples e não muito educadas."

Mas, como o bispo se mostrava inflexível sobre a visita aos ermitões, o comandante concordou em levá-lo até a ilha. Ao se aproximar, deu um pequeno barco a remo ao religioso, uma vez que a embarcação principal não conseguia avançar nas águas rasas perto da ilha. O comandante prometeu esperar pelo retorno do bispo.

Ao chegar à margem, o religioso foi recebido pelos três santos, que pareciam ser três anciãos pobres vivendo uma vida simples e sem conforto.

"Tenho ouvido falar da busca sincera de vocês por Deus e pela salvação", o bispo falou, "e acho essa dedicação um tanto admirável. Vocês poderiam me contar como estão buscando por Deus e por Sua misericórdia? Como oram?".

Os santos se entreolharam por um momento, até que um deles, relutante, contou ao bispo que eles, na realidade, não sabiam como orar ou servir a Deus. Sua oração, em toda a inocência, era simples: "Três são vós, três somos nós, tenha misericórdia de nós".

Ao ouvir isso, o bispo explicou a eles que, mesmo que a intenção fosse pura, a oração não era apropriada. Então, começou a ensinar aos anciãos como se deveria orar de acordo com as escrituras sagradas deixadas por Deus à humanidade. Explicou-lhes as várias doutrinas mencionadas nas escrituras sagradas e, então, ensinou a eles a Oração do Senhor, conhecida como "Pai-nosso".

Acontece que isso foi um grande desafio, porque os homens tiveram muita dificuldade de lembrar as palavras corretas da oração. Quando o bispo teve certeza de que os eremitas haviam finalmente decorado a prece, já anoitecera. Uma vez mais, o bispo enfatizou aos três a necessidade de orar apenas da maneira correta, então retornou para o barco a remo e voltou à embarcação maior.

Assim que o comandante manobrou e começou a navegar de volta, uma pequena luz apareceu na escuridão, atrás da embarcação. A princípio, o bispo achou que poderia ser outro pequeno barco indo também em direção à costa, porém, conforme a luz fraca chegou mais perto, ele percebeu que a pequena lamparina estava sendo sustentada por um dos três ermitões, os quais vinham correndo em direção à embarcação.

O bispo, surpreso e assustado ao ver aqueles homens correrem sobre as águas como se estivessem em terreno sólido, pediu rapidamente ao comandante que parasse a embarcação. Tão logo os santos alcançaram o barco, agradeceram humildemente ao bispo, e, após recuperar o fôlego por um momento, um deles falou:

"Vossa Eminência, por favor, perdoe-nos, mas nos esquecemos dos seus ensinamentos novamente. Enquanto repetíamos a oração que você nos ensinou, conseguíamos nos lembrar dela. Mas, quando paramos de proferi-la um pouco, percebemos que havíamos esquecido algumas palavras que antes sabíamos. Por favor, ensine a oração a nós, mais uma vez!".

Ao perceber que os anciãos eram verdadeiros santos abençoados por Deus, o bispo, abatido, percebeu seu erro.

"Meus queridos irmãos, foi ignorância minha achar que poderia ensinar a vocês alguma coisa sobre fé e sobre como servir ao nosso Pai Celestial. Por favor, continuem orando do jeito de vocês, como têm feito até agora. Suas orações alcançam O Senhor, não há dúvida disso. Por favor, orem por todos nós, pecadores."

Aliviados, os três santos voltaram alegremente para a sua pequena ilha, andando pela superfície do lago.

Essa história engloba outra característica muito importante de uma meditação autêntica, que é o senso de honra e respeito (ou reverência) pela prática. Sinto que é fundamental explorar isso um pouco mais aqui, porque, com a comercialização e a chamada secularização da meditação nas últimas décadas, alguns aspectos relevantes dessa antiga prática foram deixados de lado, de forma consciente ou inconsciente, ou simplesmente apagados.

De maneira geral, vivemos em um tempo em que a meditação se tornou algo *fashion* e lucrativo, e não há poucos, mas muitos aplicativos para meditar no celular e em *tablets*, vários deles oferecendo pacotes *premium* que dão acesso a uma gama ainda maior de meditações orientadas. Você encontra opções para todos os estilos de vida, com alguns aplicativos oferecendo até práticas de um ou dois minutos – curtas o bastante para se encaixarem nas agendas mais ocupadas e com a promessa de trazer mais paz ou tranquilidade mental. Muitas dessas "meditações" têm sido inventadas ou desenvolvidas por pessoas que podem ter conhecimento limitado ou nenhum conhecimento nem entendimento das tradições antigas e do contexto no qual essas práticas poderosas foram ensinadas e praticadas, resultando em "meditações" que, na verdade, são mais como fragmentos de sons da natureza ou música instrumental com uma bela paisagem ao fundo, quando não coisa pior do que isso.

Ao que parece, em um esforço para tornar a meditação mais acessível e menos desconhecida para as massas, muita gente vem tentando retirar os elementos culturais e espirituais e o conceito da prática de um jeito semelhante ao ocorrido com a ioga, que tem sofrido grandes transformações (ou distorções) em muitos lugares. Uma das razões de os termos *mindfulness* (atenção plena) e meditação serem, geralmente, utilizados como sinônimos está no fato de que muitas empresas e outras instituições ainda parecem hesitar – para dizer o mínimo – em apresentar algo cultural e religiosamente tão expressivo como a meditação para seus executivos e colaboradores, enquanto algo "neutro" como a atenção plena é uma "questão" muito menor. O mundo evoluiu bastante, e temos a mente muito mais aberta do que há alguns séculos, mas são em situações como essas que percebemos que nem todo mundo "abraça" a sabedoria e as técnicas funcionais de outros lugares do mundo do mesmo modo que tomam para si moda, tecnologia, comida, música e filmes de diferentes regiões do globo.

Não deveríamos nos afastar das tradições envolvidas na meditação. No mega e cuidadoso empenho para retirar os aspectos religiosos das coisas, muitas vezes acabamos dispensando o bebê com a água do banho. Removemos da prática alguns elementos que, na realidade, formam sua própria essência. Claro, você não precisa ser budista, hinduísta ou seguidor de alguma outra religião para poder praticar a meditação e se beneficiar dela. Mas senso de honra, reverência e respeito pela prática e pela tradição, além de fé em si mesmo, na técnica e no instrutor, são aspectos muito importantes na meditação e em qualquer prática espiritual. Porque, se você parar para ver tudo isso com honra e reverência, perceberá que nada mais é do que atenção plena da mente com uma pincelada de gratidão.

Seja recebendo um convidado em casa ou escolhendo um livro ou um objeto pelo qual tem muito apreço, em ambos os casos você perceberá que sua mente estará totalmente no momento presente, junto de um sutil sentimento de gratidão e felicidade. Uma pessoa qualquer entrando em sua casa não provoca na mente ou na consciência um estado similar, nem pegar um jornal velho e deixá-lo em qualquer lugar. E é exatamente por isso que, em tempos idos, tanta ênfase era dada na honra ao mestre, à prática e à tradição.

O propósito da meditação é estabilizar a mente – trazê-la de volta a um estado calmo e equilibrado, tirando-a da dispersão e do caos, permitindo que se tranquilize e, finalmente, transcenda. No instante em que alguém se senta mantendo a reverência pela prática, mais da metade do trabalho está feita. Entretanto, se falta esse aspecto, a prática da meditação se torna, muitas vezes, um mero exercício mental em que a pessoa tenta desesperadamente acalmar uma mente cansada. Aí a pessoa se pergunta por que é tão difícil fazer a mente focar qualquer coisa por mais que alguns segundos. Quem já teve algumas aulas de atenção plena deve ter percebido que permanecer no momento presente ou ter consciência dele é muito mais fácil na fala do que na prática. Você pode ter achado que apenas a consciência da necessidade de estar no momento presente lhe permitiria exercer a prática de maneira consciente – por que, então, fazer um curso ou um treinamento? Mas a realidade é que muitos não conseguem fazer isso com tanta facilidade, e ter consciência desse fato só gera ainda mais tensão, deixando o iniciante mais desanimado do que esperançoso em alcançar o tão cobiçado estado de paz interior.

Monges, mestres em meditação e ícones da libertação e da iluminação, assim como os grandes santos e sábios das antigas tradições iogues, incluindo Buda, todos compartilham das mesmas bases de uma prática que tem origem em uma antiga tradição que se aperfeiçoou, preservou-se e tem sido transmitida a um sistema de mestres e discípulos que a reverenciam.

No entanto, quando a meditação se tornou interessante do ponto de vista comercial, os departamentos de *marketing*, entusiasmados, não perderam tempo em despojá-la de sua bagagem cultural e tradicional, em uma tentativa de torná-la tão moderna quanto a academia da esquina. Paz de espírito ao seu alcance, e tudo isso por um preço acessível. Um dos aplicativos mais populares oferece, orgulhosamente, sessões de três minutos que parecem se encaixar em uma rotina restrita – só de pensar nisso já vem um estresse! Honestamente, qualquer um que tenha alguma experiência na meditação verdadeira sabe que isso se tornou algo muito diferente, não importa quão bom um especialista diga ser. Também por essa razão não surpreende que a maioria dos estudos sobre tais aplicativos mostre pouca evidência de que eles realmente funcionam ou minimamente façam aos usuários o que prometem. As pessoas que desenvolvem esses aplicativos podem ter conhecimento em vendas, algoritmos e *design*, mas não são mestres em uma tradição que tem aperfeiçoado e preservado técnicas antigas com a compreensão sagrada e apropriada.

Tenho visto muita gente chamar os próprios *workshops* de prática de meditação como *mindfulness*, porque julga ser mais atrativo ao público em geral. Além disso, tenho ouvido falar que as práticas de *mindfulness* desvinculadas de religião vêm se tornando mais acessíveis a indivíduos de todas as origens e todos os estilos de vida. Muitas vezes, sinto que essa obsessão de querer que tudo seja desprovido de qualquer coisa que possa ser interpretada como vagamente religiosa traz mais danos do que benefícios. A religião tem sido tão malvista que, hoje, qualquer coisa potencialmente ligada a ela se tornou sinônimo de crença cega, visão distorcida da realidade e dogma. Ou será que existe o medo subjacente de que a pessoa possa acabar praticando algo que faz parte de outra religião que não a dela? Sua fé – seja racionalmente falando ou em termos religiosos – é assim tão abalável?

Claro que há o outro extremo, em que alguns podem fazer você sentir que a única forma de meditar apropriadamente é deixando tudo o que conhece para trás e participando de um retiro nas montanhas ou em um mosteiro longe da civilização. Mais uma vez, a verdade não está nos extremos, mas no caminho do meio. Ninguém duvida de que um retiro em meio à calmaria da natureza, com vista relaxante para uma montanha ou para o mar, ajudará você a relaxar e a se distrair menos, mas isso não significa que você não possa meditar e experimentar a verdadeira paz no conforto de sua casa. Portanto, uma prática compatível com a sua rotina é uma oportunidade muito melhor de você realmente obter maior tranquilidade e se tornar mais resiliente ao longo do tempo.

Abordei aqui esses pontos porque tenho visto cada vez mais práticas e técnicas antigas, testadas e benéficas fora de seu contexto, de sua tradição e de sua cultura, o que, em geral, resulta em práticas desprovidas de alguns de seus aspectos essenciais. As antigas tradições védicas e iogues têm acolhido sempre uma abordagem científica e inquisitiva – elas até a encorajam. Essa é a base desses sistemas de filosofia e práticas, e foi assim que, há milhares de anos, sábios com mentalidade científica exploraram e desenvolveram técnicas antigas como a meditação. Eles sabiam que, para aprender e estar aberto a experimentar algo novo, mentalidade receptiva e reverência pelos ensinamentos e pela prática são essenciais, uma vez que estamos lidando com algo tão sutil quanto a mente. Então, trazer esse elemento de respeito e reverência pela prática pode tornar muito mais fácil, a você, controlar a mente e aprender a meditar de verdade.

Durante meus primeiros anos de artes marciais, percebi como, mesmo no treino, a reverência e o respeito pelo mestre e pela tradição tinham um papel importante, e como isso, por sua vez, tornava muito mais fácil aprender coisas novas. Pelo fato de haver reverência e respeito, a mente ficava naturalmente mais focada, mais consciente e mais presente. E, quando conheci Gurudev Sri Sri Ravi Shankar e experimentei o que era meditar com ele, sob sua orientação, percebi que, finalmente, encontrara o verdadeiro mestre de meditação.

Tenho aprendido muito com ele nos últimos vinte anos – profissional e pessoalmente. O poder da tradição, de tentar e testar técnicas oferecidas e explicadas por alguém que as conhece de verdade, é uma experiência completamente diferente da de tentar descobrir algo por conta própria. Portanto, adicionar o elemento de reverência pela técnica e pela prática vai realmente ajudar você.

E é assim que você vai se aprofundar na prática, e isso lhe trará muitos benefícios. À medida que você aprende a relaxar a mente e, por um instante, permite a ela que se volte para si mesma e se acalme, a mente vai começando a se expandir. Uma mente tensa tende a se contrair. Assim, quanto mais você relaxar, mais surgirá o sentimento de expansão. Além disso, quanto mais a mente e o corpo se acalmarem e ficarem em estado de repouso, mais seu sistema começará a liberar o estresse e a tensão.

Você estará permitindo ao sistema nervoso e à mente rejuvenescerem, e, nesse processo, eles descarregarão o peso de impressões indesejadas e a tensão. Você pode, portanto, experimentar essas liberações acontecendo em três níveis diferentes: no físico, no mental ou no emocional. Em nível físico, você pode sentir certa rigidez, algum desconforto ou uma sensação de dormência. Pode, inclusive, sentir um empurrão repentino em um dos braços ou um músculo que está muito retesado relaxar de uma hora para outra.

Quando passei a meditar regularmente, comecei a pensar em por que, com apenas cinco minutos, eu já sentia dor nas costas ou um pouco de rigidez nas pernas, enquanto não tinha problemas em ficar na mesma posição assistindo à TV ou vendo um filme mesmo que fosse por mais de uma hora. Primeiro, achei que isso estivesse acontecendo talvez porque, ao assistir à TV, eu não tinha tanta consciência do meu corpo ou não estava atento a ele o bastante, mas aprendi que não era só isso. Na meditação, o corpo consegue liberar muito estresse e as pressões reprimidas, e isso ocorre em nível físico.

Por vezes, você também poderá descobrir que, enquanto medita, começa a ter, facilmente, muitos pensamentos, todos eles bem aleatórios. Você não está pensando em coisas ou se lembrando delas de forma consciente nem planejando ativamente alguma coisa. Trata-se apenas de pensamentos aleatórios chegando um após o outro, e essas podem ser somente impressões sendo liberadas porque a mente está, por fim, se acalmando. Então, isso não significa que a meditação não está acontecendo nem funcionando – você está fazendo tudo certo, por isso a liberação está ocorrendo. Você perceberá que, com a prática regular, tais pensamentos diminuirão, uma vez que começou a limpar todo o acúmulo de impressões desnecessárias que vinham sobrecarregando seu sistema nervoso. Se os pensamentos surgem, isso não é um problema. Deixe-os vir, sejam eles bons ou ruins, positivos ou negativos. Não os rotule, porque, assim, você vai querer mantê-los ou se entreter com os bons e resistir aos ruins. A arte de fazer nada significa... fazer nada. Então, quando um pensamento chega, fazemos nada. Assim como um carro em alta velocidade leva certo tempo para parar, mesmo que pisemos fundo no freio, a mente, a princípio, também fica ativa algumas vezes, então basta deixá-la se acalmar – dê tempo a ela. Estamos deixando de lado a força, a concentração e a observação. O foco inicial ou a consciência do ambiente, do nosso corpo e da nossa respiração não são o objetivo – são um meio de trazer para o presente a mente dispersa, antes que ela possa desistir até mesmo disso.

É como as escrituras também descrevem uma das formas de liberação ou de liberdade: tenha um desejo – ser livre –, que seja tão intenso, que faça você desistir de todos os demais; e, quando sobrar apenas esse, desista dele também. Como aquele desejo poderoso que dissolve todos os outros, a consciência inicial da mente é como o alume colocado na água para purificá-la, o qual, então, se dissolve, deixando nada além de água pura. Aqui, vemos que a maioria das práticas de *mindfulness* e meditação é apenas a parte da preparação, não a meditação real. Elas nunca transcendem a mente.

Por fim, é possível que diferentes emoções surjam durante a meditação. Aqui, é importante lembrar mais uma vez que, se e quando isso acontece, não precisamos analisá-las, porque elas só estão sendo liberadas para aliviar o nosso sistema. Dificilmente pensamos no impacto que tem sobre nós o fato de não expressarmos nossas emoções. Claro, em geral, não podemos nem devemos expressá-las quando estamos bravos, chateados ou frustrados, porque vivemos em sociedade e seguimos certas regras de convivência. Imagine se você não se controlasse e expressasse totalmente sua raiva todas as vezes que o chefe "folgado" levasse o crédito pelo seu trabalho? Perderia o emprego na hora! Do mesmo modo, você não pode demonstrar seu desprazer com um membro da família sempre que sente isso, porque sua casa logo se tornaria uma zona de guerra. Mas não expressar determinada emoção não significa que não a sentimos, e, todas as vezes que a sentimos, isso causa um impacto em nosso sistema nervoso, inclusive em nível hormonal. Quando permitimos que nosso corpo e nossa mente repousem profundamente, os hormônios começam a liberar, de forma natural, o peso desnecessário de nosso sistema.

Quanto mais você se tornar uma pessoa relaxada, tranquila e livre do estresse, da tensão e da preocupação, descobrirá que tudo o que vem procurando, como felicidade, paz, sensação de liberdade e bem-estar, já está lá. Só estava coberto de névoa mental, e, agora, o sol de sua verdadeira natureza poderá brilhar de novo, do mesmo modo como quando você era criança. Então, agora, é hora de fazer da meditação parte da sua vida.

SUTRAS DE SABEDORIA

- A meditação é uma habilidade que vem com a prática, não por conhecimento intelectual.
- A reverência reforça muito sua prática de meditação. É um estado de espírito no qual a mente fica totalmente focada no momento presente, com alegria e gratidão.

DEZ MINUTOS DE EXERCÍCIO

Para começar a meditar, pratique o processo descrito neste capítulo. Familiarize-se com os principais passos e, então, apenas desapegue e desfrute da prática. Lembre-se da história dos três eremitas: sentimento e sinceridade são mais importantes do que seguir todas as instruções à risca. Como regra geral, você pode executar os passos a seguir, pois eles serão úteis na prática da meditação, seja você iniciante ou já com alguma experiência em meditar:

1. Encontre um local apropriado para se sentar, sem muita distração. Prepare o corpo, deixando o estômago vazio e fazendo alguns exercícios ou alongamentos para aquecer e soltar o corpo.

2. Sente-se em posição confortável, com a coluna ereta; então, conscientemente, relaxe todo o corpo. Foque a atenção em qualquer barulho próximo e aceite-o; deixe-o se manifestar.

3. Permita que a respiração se acalme e mantenha o corpo estático. Permita à mente acalmar-se ainda mais.

4. Esqueça todas as pendências, os desejos, as ambições, as identidades e os rótulos. Pelos próximos minutos, sinta-se totalmente no aqui e agora. Você não é nada, não quer nada e não precisa fazer nada neste momento.

5. Agora, relaxe completamente, permitindo que pensamentos e sensações cheguem ao corpo e partam sozinhos, do mesmo modo que vieram.

6. Quando terminar, reserve um ou dois minutos para, aos poucos, sair do estado meditativo, antes de abrir os olhos e retomar suas atividades.

   Recomendo sempre aprender alguma técnica de meditação com um instrutor certificado, pelo menos no começo, para que ele possa orientar você de forma personalizada. Vale a pena a experiência!

7

ENCONTRANDO TEMPO PARA MEDITAR

Como muitas estações ferroviárias em Assam, a de Diphu não é muito grande, e o meu trem parava ali só por alguns minutos. Ao ver muitos dos instrutores já se apressando, o maquinista parou o longo trem abruptamente. "Swami, o seu vagão já foi! Vamos ter de ir até o fim da plataforma. Vou pegar a sua mala."

Um dos voluntários que haviam me deixado na estação, com a minha mala, e eu, carregando minha mochila, corremos até o fim da plataforma, desviando das pessoas que saíam do trem e das que tentavam chegar aos vagões a tempo, tomando também o cuidado para não pisar em quem havia decidido ficar confortavelmente sentado ou deitado na plataforma enquanto o trem não chegava.

Encontramos nossa cabine e rapidamente entramos nela. "Swami, este aqui é o seu lugar. Assento número 12, beliche de baixo. Senhor, com licença." O voluntário colocou minha mala sob o assento, depois de um homem, já sentado, ir um pouco para o lado. "Você está confortável aqui? Precisa de mais alguma coisa? Esperamos que volte a Karbi Anglong!"

"Também espero!", respondi ao voluntário, agradecendo-lhe a ajuda. "Não se preocupe, estou confortável. Pode ir. O trem já vai sair." Tocando meu pé rapidamente em um gesto de respeito, o rapaz saltou do vagão para a plataforma bem na hora em que o trem deixava, vagarosamente, a estação.

Colocando a pequena mochila ao meu lado no banco, pus meus sapatos embaixo do assento, levantei as pernas e recostei-me um pouco. A vantagem de viajar em uma cabine leito é que as camas permitem que nos sentemos, confortavelmente, com as pernas cruzadas. Verifiquei as horas no celular e percebi que faltavam uns trinta minutos para o jantar ser servido – isso me daria tempo suficiente sem qualquer perturbação. Fechei os olhos, relaxei os ombros, respirei fundo algumas vezes, permitindo que a respiração se acalmasse, e iniciei minha meditação vespertina. Logo os sons do trem no trilho, das crianças conversando no compartimento próximo e de uma pessoa ouvindo música no celular começaram a desaparecer, até que não chamassem mais minha atenção. Por um momento, permaneci consciente do som do ar-condicionado na cabine tentando lidar com o ar quente e úmido vindo de fora – clima típico dessa época do ano em Assam –, até que isso também desapareceu da minha consciência. A mente começou a se expandir, e, antes que eu pudesse perceber, restara somente uma percepção sutil do corpo se movendo para a frente e para trás, ou um pouco para a esquerda e para a direita, acompanhando o chacoalhar do trem. A mente e o corpo haviam entrado em um estado de relaxamento profundo, e tudo o que restara fora uma sensação de expansão gradual. Quando finalmente retomei a consciência do meu corpo e da minha mente, levei mais algum tempo para perceber o que acontecia ao meu redor, antes de abrir os olhos de novo. Quase vinte e cinco minutos haviam se passado, e eu me sentia muito mais renovado. Minha mente também estava muito mais calma.

Ao abrir os olhos, observei o sorriso e o rosto curioso do senhor que se sentara próximo a mim quando embarcamos no trem. Parecia que o assento dele era oposto ao meu. "Você estava meditando?", ele me perguntou, hesitante. "Espero que não se importe com a minha pergunta."

"Não me importo, em absoluto", respondi. "E, sim, eu estava meditando."

"Notei suas roupas e o modo como o rapaz que o acompanhava interagiu com você. Você trabalha para alguma organização espiritual? Hare Krishna? Você fala hindi? É que parece que não é daqui."

Sorri. "Sim, sou dos Países Baixos, mas faz dez anos que moro na Índia. Sou discípulo de Gurudev Sri Sri Ravi Shankar, fundador do Arte de Viver. Já ouviu falar dele?"

"Ah, sim. Já o vi falando na TV. Gosto dele. Ele se comunica de um jeito fácil, não é difícil de entender. Então você veio aqui a trabalho?"

"Sim, estou supervisionando alguns projetos de serviços humanitários da organização na região Nordeste. Também acabei de conduzir um retiro de meditação e alguns programas de ioga aqui em Diphu."

"Ah, sim, eu o vi meditando. Já tentei, mas não consigo fazer minha mente parar de pensar. Então, saio para caminhar todas as manhãs. Quero dizer, não todos os dias, mas sempre que posso. Você sabe como é: hoje, temos muito menos tempo para fazer as coisas."

O QUE O HOMEM ME DISSE ESTAVA CERTO. Um dos maiores desafios na vida é encontrar tempo para fazer as coisas realmente importantes para nós, ou que você sabe que deveria estar fazendo. Isso é o que distingue pessoas bem-sucedidas das demais – e bem-sucedido, aqui, não se refere apenas àqueles que têm posição de destaque em uma empresa ou àqueles com boa conta bancária. Aqui, estou falando das pessoas que são realmente felizes, satisfeitas, plenas, gratas e em paz com a vida, não importando a profissão, a posição social ou seus ganhos.

Não que a maioria de nós não saiba o que é importante, ou o que é importante para nós, mas ficamos dizendo que não temos tempo para fazer as coisas; não percebemos que, para ganhar tempo, precisamos produzir tempo. Se você ficar esperando o dia em que finalmente terá tempo para fazer as coisas que vem procrastinando, é provável que jamais as faça. A não ser, óbvio, que haja uma pandemia repentina e a vida, de uma hora para outra, fique em suspenso. Contudo, apesar de todo o impacto negativo do isolamento social às pessoas em todo o mundo, ele também fez com que muitos tivessem tempo para finalmente executar coisas que haviam protelado por anos. E isso também levou muita gente a reavaliar a própria vida, para onde estava indo e o que queria fazer dessa vida. Assim, sei que para muitas pessoas a interrupção repentina no estilo de vida agitado foi uma bênção disfarçada. Um momento para desacelerarem, recolherem-se e olharem para si mesmas.

Vamos encarar o fato de que a vida se tornou muito mais corrida nas últimas décadas e que continua a acelerar. Tudo está mais rápido, e tem se tornado cada vez mais comum "ter de agendar um horário" para as coisas mais básicas – refeições, atividades físicas ou algum tempo com a família.

Lembro-me do meu tempo de escola, quando ainda não havia celular, correio de voz ou aplicativo de mensagem. Se precisasse ligar para alguém, você tinha de pegar o telefone fixo, discar o número e ter a sorte de ser atendido. Do contrário, presumia que a pessoa estava ocupada ou indisponível e que deveria tentar chamá-la novamente mais tarde. Com os telefones celulares, o cenário mudou, e as pessoas começaram a carregá-los para todos os lugares, e hoje você até consegue ver, nos aplicativos de mensagem, se alguém está on-line. Se você não atender às chamadas telefônicas, alguém lhe enviará uma mensagem; se não responder a ela em alguns minutos, você, muitas vezes, terá até de justificar por que não o fez de imediato. A chefia pode estar esperando por uma resposta a uma mensagem de e-mail enviada a você àquela hora e não gostar se você não telefonar de volta imediatamente, depois de não ter atendido à ligação. Ninguém leva em conta que você pode estar fazendo outra coisa nesse exato momento ou, ainda pior, que pode ter uma vida. Portanto, nessa corrida maluca na qual tentamos espremer o máximo de atividades e experiências nas mesmas vinte e quatro horas do dia, geralmente acabamos correndo atrás de coisas que prometem nos trazer a paz e a felicidade almejadas, enquanto a alegria e a satisfação permanentes parecem escorregar por entre os dedos. Tentamos administrar duas ou três coisas ao mesmo tempo e, nesse processo, deixamos de aproveitá-las ou perdemos a experiência como um todo. Há uma pequena parábola de Tolstói que capta belissimamente nosso dilema.

Era uma vez um homem que morava na Índia e que perdera tudo o que tinha. Deprimido e tendo desistido da vida, ele se sentou à beira de uma estrada fora da cidade, perto de um templo local, implorando às pessoas que por lá passavam que lhe dessem algum trocado. Não havia um dia em que ele não fosse visto sentado lá, no mesmo lugar, pedindo a qualquer um que passasse que lhe desse algo. Muitos anos se passaram, e o homem ficou velho, até que morreu.

Bondosos como eram, os trabalhadores dos arredores do templo decidiram organizar os ritos finais para o homem, e assim o fizeram. Depois disso, decidiram limpar o lugar onde ele "morara" por todos aqueles anos. Eles tiraram todos os trapos e lixos e decidiram escavar um pouco do solo do local e levá-lo dali.

À medida que limpavam a área, um deles esbarrou em alguma coisa dura no chão. Ao remover um pouco mais de terra, eles descobriram um pote enterrado lá e, após abrir a tampa, viram que estava repleto de moedas de ouro. Surpresos com a ironia, eles perceberam que o homem que pedira, por anos, um trocado a todos que passavam pelo lugar permanecera sentado sobre um tesouro por todo aquele tempo, sem, de fato, encontrá-lo. Sentado em tamanha riqueza, ele morrera pobre e miserável.

Antes de julgarmos o homem dessa parábola, devemos fazer uma autorreflexão, uma vez que alguns de nós não somos tão diferentes dele. Você se lembra da história do mulá que procurava fora de casa a chave que perdera dentro dela? Dizemos que não temos tempo para meditar, para olhar para dentro de nós mesmos, mas por quê? Porque estamos muito ocupados tentando ganhar, alcançar e experimentar coisas que de algum modo nos prometem a paz, a alegria, a plenitude, o amor e a sensação de liberdade que temos procurado. Mas o que aprendemos e percebemos nos capítulos anteriores deste livro é que, no fim, é exatamente isso: apenas uma promessa. Uma promessa de felicidade futura, não imediata. E percebemos que a verdadeira felicidade só acontece no momento presente, apenas no agora, nunca mais tarde. E só pode ser experimentada quando a mente fica calma, permanece no momento presente e se torna livre do peso do passado e da incerteza do futuro.

Precisamos perceber que o interruptor está do lado de dentro e que estamos ignorando os atalhos que nos têm sido apresentados, tentando alcançar nossos objetivos por uma rota muito mais longa, que pode ou não nos levar até eles.

Lembre-se da alegria, da liberdade e da paz que todos nós conhecíamos quando éramos crianças e saiba que você não as perdeu para sempre. Elas ainda estão lá, dentro de você, mas cobertas de lama e de poeira do estresse, dos desejos, da busca por atenção, da aversão e da ambição desmedidas. Quando você remover essa sujeira, encontrará o tesouro enterrado há tanto tempo e que esteve ao seu alcance desde sempre. Isso não é tão difícil quanto você imagina, mas demanda consciência e compreensão, além de um pouco de comprometimento.

A consciência já despertou, do mesmo modo que descobrimos, nos capítulos anteriores, quão relevante é fazer da meditação parte de nossa vida. Também vimos que isso exige que nos acalmemos de verdade por um instante e estejamos totalmente presentes naquilo que estamos fazendo, em vez de apenas baixarmos um aplicativo para termos uma meditação de três ou cinco minutos, embalada e vendida para caber perfeitamente em nossa cultura de comida pronta e multitarefa – algo contrário ao significado de meditação. No entanto, isso não significa que a meditação não seja para pessoas extremamente ocupadas – é exatamente o oposto. A meditação é aquilo de que mais precisamos quando temos uma vida corrida e estressante; mais do que um luxo, é uma necessidade se você deseja manter certo nível de felicidade e produtividade.

Mas a consciência do problema e a solução por si só não são suficientes. Para alcançar o ponto em que consegue "fazer a coisa" de verdade, você também precisa compreender, de fato, por que isso é importante. Você pode ter lido um livro sobre bolos deliciosos, com descrições elaboradas, belas fotos e todo o modo de fazer, mas se não os fizer e provar, você nunca terá a experiência de degustar um pedaço deles e nem encherá o seu estômago. Você pode ler todos os livros que quiser sobre como mudar a vida, mas nada vai ocorrer se não decidir fazer algo, e isso acontece ao perceber a importância que você precisa dar a tais coisas, porque a vida é sobre prioridades. Você leu sobre a importância de estar no momento presente, de a mente estar em paz, aqui e agora, livre das buscas e das aversões, mas tudo isso é inútil, a não ser que você experimente. E é por essa razão que precisamos meditar – para experimentarmos, de verdade, esse estado de espírito, percebê-lo. Porque, de outra forma, não é diferente de esperar que o seu estômago fique cheio apenas ao ler o cardápio – isso jamais vai acontecer.

Conheço muitas pessoas que queriam parar de fumar, mas somente algumas conseguiram. Todas elas sabem que não é saudável e pode causar câncer de pulmão com o tempo, mas isso não as impediu de acender mais um cigarro. Todo mundo "sabe" que fumar faz mal à saúde, mas poucos *compreendem* o que isso realmente significa. Do mesmo modo, conheço pessoas que conseguiram parar de fumar da noite para o dia, quando, de repente, depararam com a morte de um amigo próximo ou de um parente por câncer de pulmão ou alguma condição similar. De uma hora para outra, o risco de sofrer dessa doença se tornou uma realidade para essas pessoas, e elas finalmente "compreenderam". E, quando esse entendimento despertou, isso as fez parar de fumar de maneira muito mais fácil. Agora, parecia a coisa óbvia a se fazer.

Eu poderia citar muitos outros casos em que as pessoas "compreenderam" a importância de fazer algo – por exemplo, praticar atividade física, mudar a dieta, seguir as leis de trânsito – e como isso lhes permitiu modificar seus hábitos ou suas prioridades da noite para o dia. É apenas questão de você perceber a importância do que está fazendo. Além disso, você sempre encontra tempo para comer alguma coisa, ainda que um pouco tarde, não importando quão corrido tenha sido o dia. Por quê? Porque você sabe que é essencial. Do mesmo modo, você toma banho e escova os dentes antes de ir a uma reunião importante, independentemente de quão apertada esteja sua agenda, correto? Bem, sinceramente, espero que você faça essas coisas, para o seu bem e para o bem de quem você vai encontrar.

Você criou os hábitos de tomar banho e escovar os dentes todos os dias porque, em algum momento da vida, percebeu que isso é fundamental. Quando era criança, talvez sua mãe tivesse de lhe pedir ou mesmo obrigar a fazer, mas agora você não precisa que ninguém lhe diga ou lembre. Do mesmo modo, precisamos entender que, em nosso mundo moderno, também é necessário fazer meditação em uma parte de nossa rotina. Como meu mestre aponta com muita propriedade, "entendemos a importância da higiene corporal, mas temos negligenciado, com frequência, os cuidados com nossa saúde mental". Então, assim como você toma banho uma ou duas vezes ao dia para higienizar e refrescar o corpo, precisamos meditar uma ou duas vezes por dia para limpar e refrescar a mente. E não se preocupe: quinze a vinte minutos são suficientes, assim como quando você toma banho. Não passamos horas no banho ou escovando os dentes e, da mesma maneira, não temos de desistir de todas as outras coisas só porque também queremos meditar. Contudo, isso exige que você reveja um pouco suas prioridades. É necessário um pouco de disciplina e de comprometimento.

E, antes que você surte e se rebele, porque a primeira coisa que lhe vem à mente quando ouve as palavras disciplina e comprometimento é você perdendo sua liberdade e seu precioso tempo, vamos desfazer esse equívoco. Normalmente, sentimos que a disciplina ou a rotina nos roubam a liberdade de fazer o que queremos, na hora em que queremos. Isso nos engessa e nos restringe. Mas o interessante é que, na realidade, é o contrário.

Se você prestar atenção, vai perceber que é a disciplina que nos deixa mais confortáveis e livres. A disciplina de escovar os dentes nos salva de uma dor de dente, do mau hálito e de outros desconfortos. Isso nos deixa mais livres porque ninguém com dor de dente ou sem metade dos dentes se sentiria muito confortável. A disciplina alimentar nos mantém mais saudáveis e dispostos. Pessoas que não têm disciplina para comer geralmente acabam ficando doentes e sofrem desconfortos e males, o que as deixa muito menos tranquilas. Do mesmo modo, manter uma disciplina de atividades físicas torna seu corpo mais saudável e faz você se sentir melhor de modo geral. Você pode não sentir rigidez, dores ou outros desconfortos que seus colegas enfrentam por causa das muitas horas sentados no escritório, sem tempo para se exercitarem um pouco.

Conheço pessoas que me disseram que se sentiam mal por eu ter de levantar cedo todos os dias para fazer atividades físicas e praticar ioga e minhas técnicas de respiração e meditação, enquanto elas usavam suas manhãs para dormir até mais tarde. Elas não percebiam que esse pequeno investimento todas as manhãs não só me torna mais saudável como também me permite ser muito mais efetivo em todas as minhas atividades. Usar aquele período extra para meditar acaba adicionando mais energia e eficiência ao seu dia. E não é só isso. Uma vez que a meditação ajuda a relaxar a mente, promove uma grande melhora na qualidade do sono.

Vi pessoas que dormiram durante a primeira sessão de meditação comigo porque o corpo delas estava tão cansado que, quando relaxou de maneira profunda, acabou descansando da forma de que precisava desesperadamente. E está tudo bem. Elas se sentiram tão bem depois que, uma vez que o corpo e a mente estavam mais relaxados, elas conseguiram meditar.

Da mesma forma, as pessoas geralmente apresentam melhora drástica na qualidade do sono quando começam a tornar a prática da meditação mais regular, porque a mente fica muito mais em paz e vai se tornando melhor em "desapegar" à noite, também. Além disso, o verdadeiro descanso só é possível quando você deixa de lado tudo o que está fazendo, incluindo todos os planos, todas as preocupações e todas as ambições. Sempre que você não consegue fazer isso, seu sono não é tranquilo. Todos nós, uma vez ou outra, já sonhamos com questões ou planos que ainda estavam em nossa cabeça quando nos deitamos. Na meditação, aprendemos a realmente deixar tudo para lá, mesmo que apenas por um instante.

Uma vez que você tenha compreendido que tornar a disciplina parte de sua rotina é a coisa mais inteligente a ser feita, tudo o que sobra é apenas fazer, para tornar a prática algo regular. Quanto mais regular for a sua prática, mais fácil ela se tornará. Mesmo nas antigas escrituras sobre ioga e meditação, a continuidade na prática tem posição de destaque, e é isso que realmente ajuda a tornar o hábito de meditar parte da vida, especialmente no início. Dizem que tudo o que se pratica por quarenta e oito dias consecutivos se torna hábito e que, se você continua praticando sem pausas significativas, torna-se parte de sua natureza. Pergunte a qualquer pessoa que faça atividade física com regularidade o que acontece quando ela para por duas semanas ou alterna os dias de atividade na rotina: ela lhe dirá que leva alguns dias, novamente, para restabelecer o ritmo com o qual se exercitava antes da pausa. O mesmo princípio se aplica à meditação, em certa medida.

Outro ponto importante é comprometer-se com sua prática e cumpri-la, em vez de tentar coisas diferentes dia sim, dia não, ou misturar técnicas. Em momentos distintos, diferentes mestres podem ter apresentado várias técnicas ou instruções, dependendo de quem eram seus alunos, mas não se deixe confundir. Veja o que é relevante e funciona para você.

Aderir a uma prática, ao menos por um tempo considerável, permitirá a você progredir nela e chegar a algum lugar. Isso lhe trará resultados. Tentar algo novo todos os dias é como cavar em mil lugares diferentes perguntando-se por que não está encontrando água. Tente cavar em um só lugar e você vai, definitivamente, achar água! Então, aderir a uma prática, ser constante e honrá-la pode ajudar você, muito, a conseguir progredir em sua jornada interior. E, se você ainda sente que não tem tempo, precisa arranjar algum e perceber que isso lhe trará mais benefícios do que praticamente todas as outras coisas às quais tem dedicado seu tempo. Se você ainda tem tempo de sobra para sentir preocupação, estresse, chateação ou tristeza, precisa acordar e perceber que, definitivamente, tem tempo – e deveria dedicá-lo – para a prática de meditação.

Se, no início, você achar que a sua meditação está entediante, saiba que é apenas uma fase pela qual está passando, porque você *ainda* não está relaxando e *ainda* espera que algo aconteça; você *ainda* quer ocupar a mente. Aprender a meditar é uma bela jornada rumo a aprender a amar ficar em silêncio e sem se mexer por algum tempo, a não fazer nada; a amar o momento presente e deixar a mente descansar por completo. É uma jornada que vai revelar uma nova dimensão de alegria para você, muito mais profunda e duradoura do que aquela com a qual se acostumou – pelo menos até agora.

Lembre-se: a meditação é uma habilidade que se adquire com a prática compromissada, não por "conhecimento" intelectual. Então, diferentemente dos exercícios de atenção plena, você não deve focar nada; não deve visualizar nada. Tudo o que você precisa fazer é parar de fazer – mudar do esforço para a falta dele. Você estará dando à mente, de forma consciente, uma pausa de toda a preocupação, de todos os pensamentos e planejamentos que costumam tomar conta dela, e permitindo que ela se acalme e se recarregue.

Agora que você está iniciando sua prática de meditação, também é importante se lembrar de não comparar suas experiências com as de outras pessoas ou com coisas que ouviu ou sobre as quais leu em algum lugar. Porque, apesar de essas experiências – visualizar cores ou uma luz brilhante, ouvir sons – serem possíveis em alguma medida, são apenas isso, experiências, e a maioria delas é subjetiva. Tentar criar tais experiências, ficar preso a elas ou usá-las como ponto de referência para o seu progresso só vai trazer confusão, distração, ou, pior, frustração, fazendo com que abandone a prática. Lembre-se: a meditação não é sobre a experiência, mas sobre experimentar.

Então, como saber se você está progredindo? Quais são as indicações de que você está chegando perto de seu objetivo e de que sua prática está começando a render frutos? Quando você se sentir uma pessoa renovada e começar a perceber, de forma sutil, que a sensação de alegria, entusiasmo, paz e liberdade começa a aumentar.

Você já se perguntou o que é a paz verdadeira? O que é a verdadeira paz de espírito? É uma mente naturalmente focada, no sentido de não estar dispersa. É um estado no qual a mente fica facilmente focada no momento presente, no que está acontecendo agora. Paz verdadeira é quando você está totalmente no aqui e agora porque está tudo bem.

Do mesmo modo, a liberdade verdadeira é aquela em relação ao passado e ao futuro, na qual você se sente confortável neste momento. Porque, se este momento não está legal, não está perfeito, algum desejo sempre aparecerá. Além disso, um desejo significa apenas que o momento presente, que é o aqui e agora, não é como deveria ser. E qualquer desejo, seja ele qual for, não permitirá a você ir mais fundo na meditação e impedirá sua busca por paz. Você poderá permanecer em posição sentada e com os olhos fechados, mas sua mente seguirá a própria viagem e a meditação não acontecerá. Então, quando aplicar os princípios que aprendeu neste livro para transcender os desejos durante a meditação, você perceberá que a sensação de aceitação, paz, liberdade e alegria começará a permear, também, outros segmentos de sua vida. Verá que ela se tornará parte de você, mesmo nas atividades cotidianas.

Normalmente, quando estamos acordados, olhamos para fora de nós. Comprometemo-nos com todo tipo de atividade, seja fazendo nosso trabalho, seja conversando, seja experimentando, seja pensando, e tudo isso nos cansa e drena nossa energia, não importa quão bom seja. Exceto na meditação. Na meditação, damos uma pausa de todas as atividades do corpo e da mente e paramos de olhar para fora de nós por um momento. Quando começamos a olhar para dentro de nós, alcançamos o descanso, o relaxamento e o alívio, e é exatamente disso que o mundo precisa hoje.

Há muita incerteza, muito medo, muita tensão e muita depressão no mundo moderno. Em meio a todos os desafios que o mundo vem enfrentando, e nós também, na vida pessoal, precisamos de uma ferramenta para permanecer na superfície, algo que nos guie até encontrarmos terra firme novamente. A meditação pode ser essa ferramenta para sobreviver que nos permite ir mais fundo em nós mesmos e encontrar nossa força espiritual interior.

Temos sorte de viver em uma época na qual a sabedoria antiga nos foi transmitida de uma tradição milenar ratificada pelas escrituras e pela experiência de vários mestres e praticantes ao longo das eras; é inspirador pesquisadores liderarem instituições pelo mundo, com mente aberta e visão científica, para comprovar os benefícios que isso traz à nossa vida. Os benefícios da meditação são inúmeros para serem mencionados aqui; contudo, agora que até instituições como Harvard e Yale, entre outras, têm publicado artigos sobre essa variedade de benefícios, deveria bastar dizer que a meditação, como prática, foi finalmente reconhecida como antigo benefício para nossos problemas modernos. Já negligenciamos por muito tempo a importância de saber lidar com nossa mente e com nossas emoções e o papel vital que isso tem em todos os aspectos de nossa vida.

Lembro-me do grande tsunami ocorrido perto do Natal de 2004, tido como um dos mais mortais da história recente. Voluntários da Arte de Viver e de uma organização parceira, a Associação Internacional pelos Valores Humanos, dirigiram-se imediatamente para as áreas mais afetadas da Índia e do Sri Lanka. Muitos deles eram meus amigos e, nas semanas e nos meses seguintes, compartilharam comigo os programas e iniciativas que vinham desenvolvendo para os sobreviventes da tragédia. Uma das coisas que relataram realmente me marcou.

Eles me contaram que, embora tenham recebido rapidamente ajuda material de diversas organizações humanitárias, como alimentos e medicamentos, as pessoas não conseguiam comer. Elas nem sequer conseguiam dormir à noite pelo trauma decorrente do que acontecera. E esse é um aspecto geralmente esquecido quando se provê ajuda.

Muitos sobreviventes haviam morado na costa a vida inteira, e seu sustento dependia totalmente do mar. A maioria era formada por pescadores ou desenvolvia alguma atividade ligada à pesca. O mar, que os alimentara a vida toda como uma mãe, de repente se tornara seu maior inimigo, e isso era demais para ser assimilado. O mar, que mantivera a vida daquela gente até então, de uma hora para outra levou casas, barcos e entes queridos. Muitas pessoas perderam pais, mães, filhos e outros familiares naqueles instantes de pura destruição. O evento as deixou tão traumatizadas que elas não conseguiam dormir à noite, pois o barulho das ondas, que antes era uma canção de ninar, agora trazia à memória o terror do tsunami e de tudo o que ele tirara delas.

Aquelas pessoas tinham sido supridas de toda a ajuda material de que necessitavam, mas esta era inútil. Elas não conseguiam comer, dormir nem retomar a vida.

Após muitas sessões de algumas técnicas de respiração e meditação, os sobreviventes começaram a relatar que haviam conseguido dormir novamente. O som das ondas não mais lhes trazia gatilhos – e, após um tempo, elas conseguiram entrar no mar de novo e retomar a vida de outrora na pesca. Foram capazes de recuperar a força interior e de se reconectar com a paz, a estabilidade e a confiança que estavam com elas o tempo todo e que ninguém lhes poderia tirar. Conseguiram superar o trauma, o medo, o desespero e a ira que os tomara por completo.

Essas pessoas podem ter perdido tudo de que dependiam para manter sua segurança e sua estabilidade – familiares, amigos, economias, casa, trabalho –, mas a força e a paz verdadeiras haviam permanecido intactas, uma vez que estavam dentro delas. No entanto, para encontrá-las, acessá-las e explorá-las, elas tiveram de olhar para dentro de si mesmas. Assim como nós.

SUTRAS DE SABEDORIA

- Sabedoria é entender por que a prática é importante e trabalhar nela.
- Para que a prática gere frutos, precisa ser feita regularmente, com honra e comprometimento.

DEZ MINUTOS DE EXERCÍCIO

Comprometa-se a iniciar a meditação amanhã mesmo. O ideal é praticá-la duas vezes ao dia, uma antes do café da manhã e outra antes do jantar, mas, caso não seja possível, não faça disso uma desculpa para não praticar. Qualquer hora é boa para meditar, exceto logo após uma refeição. Ainda assim, se duas vezes ao dia for difícil a princípio, garanta pelo menos uma vez ao dia, para conseguir progredir.

Para obter melhores resultados em sua prática, é bom ter um horário fixo para a meditação e tentar mantê-lo na maioria dos dias, senão todos, em especial no início. Se isso significa que você precisa se levantar um pouco mais cedo para que possa encaixá-la antes do café da manhã e da ida para o trabalho, coloque o alarme para despertar. Se você planeja que sua meditação aconteça em qualquer outro momento do dia, mas tem dificuldade de encontrar tempo – ou acha que não tem tempo de jeito nenhum –, então, ao menos pelos próximos dois dias, anote em que você gasta seu tempo. Esse é um exercício interessante que pode lhe abrir os olhos. Você vai perceber que o tempo que passa na internet, nas redes sociais, é muito maior do que imagina. Adicione a esse tempo filmes e séries de TV aos quais você assiste, assim como o tempo que passa jogando conversa fora, reclamando ou se preocupando. Agora, pegue todo esse tempo e reduza para vinte ou trinta minutos, porque você estará, na realidade, investindo em se sentir melhor, mais feliz e com maior tranquilidade com sua prática de meditação.

Que esse seja o início de uma jornada repleta de beleza, alegria e paz, a qual possa acompanhar você aonde quer que vá e que você possa compartilhar com quem encontrar.

PROSSEGUINDO NA JORNADA: E AGORA?

Há uma boa chance de que você se encaixe em pelo menos um de três grupos de pessoas que pegaram este livro e terminaram a leitura praticando alguns dos exercícios apresentados, se não todos.

O primeiro grupo engloba os iniciantes em meditação. Você começou sua prática, mas sente que poderia ter um pouco mais de ajuda para, de fato, conseguir meditar e acalmar a mente de forma mais rápida e tranquila.

Nesse caso, o que beneficiaria você seria explorar o aprendizado de algumas técnicas de respiração (*pranayama*), as quais também tenho praticado nos últimos vinte anos. O *Sudarshan Kriya*, técnica rítmica de respiração ensinada por Gurudev Sri Sri Ravi Shankar, tem se mostrado uma ferramenta muito valiosa em minha prática de meditação.

Conforme já mencionei neste livro, aproveitar o poder da respiração é um dos modos mais efetivos de acalmar e energizar a mente. Recomendo a qualquer praticante de meditação que aprenda algumas técnicas de respiração para complementar e aprofundar sua prática meditativa e acelerar seu progresso.

O segundo grupo é formado por quem já praticou a atenção plena ou a meditação, mas nunca levou as práticas a sério ou ainda está em busca de uma técnica de meditação efetiva e autêntica. Esta obra pode ter lhe proporcionado muito conhecimento prático e ferramentas para ir adiante, e você pode até ter praticado um pouco fazendo uso do que aprendeu. No entanto, sente que pode ir além nas meditações, conectando-se com a prática e com a antiga tradição em nível mais pessoal. Nesse caso, uma recomendação seriam os *workshops* de Sahaj Samadhi, que permitem que os praticantes tenham um mantra pessoal único. Esses mantras vêm sendo transmitidos há décadas nessa tradição antiga, e o mantra dado a você é uma ferramenta personalizada que ajuda a transcender a mente e ir mais fundo na prática meditativa. Além disso, auxilia no avanço de seu caminho espiritual. Tenho praticado essa técnica de meditação pessoalmente e não conheço nenhuma outra tão fácil e efetiva. Contudo, para receber um mantra único para sua prática, é necessário que o obtenha da forma apropriada, por um instrutor qualificado que faça parte da tradição antiga.

O terceiro grupo é aquele que tem praticado a meditação, de qualquer estilo ou tradição, e está agregando valor à própria vida. Ainda assim, às vezes você sente que gostaria de se afastar de toda a agitação e da confusão familiar, ou do ambiente de trabalho, para passar alguns dias indo mais fundo, sondando as camadas mais sutis de sua consciência e de seu ser. Em casa, você até pode ter o conforto e a conveniência de criar o próprio espaço, de praticar no horário que lhe é mais adequado e do jeito que prefere, mas, ainda assim, é sua casa, com todas as distrações e limitações.

Por esse motivo, na maioria das tradições é ressaltada a prática em grupo, em local especial. Para chegar à estrutura e à disciplina adequadas e aumentar o progresso, praticar em grupo pode ser muito benéfico. Existem muitos monastérios, Ashrams ou retiros mais propícios à meditação do que sua casa ou seu escritório. Quando a sua mente oscila ou o seu comprometimento parece reduzido, estar em um grupo traz o suporte e o estímulo para continuar. Além disso, coloca você no eixo, em especial nos dias em que sente que não está fazendo o que sabe que deveria fazer. Por essa razão Buda deu tanta importância ao Sangha, ou à comunidade de praticantes, pois isso pode ser um suporte para a prática.

Informe-se; existem programas de meditação em retiros especiais, de quatro a sete dias, que propiciam um ambiente favorável às práticas, organizado para atender a todas as suas necessidades. Refeições leves e nutritivas e acomodação confortável, sem distrações, permitem que o foco esteja totalmente no motivo de estar ali, no retiro: ficar longe por um tempo e avançar na prática meditativa. Instrutores experientes podem guiar os praticantes por uma gama de meditações profundas e poderosas. Além disso, ajudam a explorar alguns dos mais antigos conhecimentos das escrituras, aprimorando a compreensão acerca da prática e da jornada. Tenho muitos praticantes avançados que frequentam esses retiros duas ou três vezes ao ano, afastando-se um pouco da rotina para renovar e aperfeiçoar a prática de meditação.

Seja qual for o grupo em que você se encaixe, não lhe desejo nada menos do que o melhor em sua jornada de meditação. Espero encontrar você um dia e ouvir suas experiências! Não deixemos de compartilhar esse lindo e tão necessário conhecimento nestes tempos difíceis, em que muitas pessoas estão lutando para permanecer serenas.

Para entrar em contato comigo ou obter mais informações sobre meus cursos, acesse www.swamipurnachaitanya.com.